O grau em perspectiva:
uma abordagem centrada no uso

EDITORA AFILIADA

COMITÊ EDITORIAL DE LINGUAGEM
Anna Christina Bentes
Edwiges Maria Morato
Maria Cecilia P. Souza e Silva
Sandoval Nonato Gomes-Santos
Sebastião Carlos Leite Gonçalves

CONSELHO EDITORIAL DE LINGUAGEM
Adair Bonini (UFSC)
Arnaldo Cortina (UNESP – Araraquara)
Fernanda Mussalim (UFU)
Heronides Melo Moura (UFSC)
Ingedore Grunfeld Villaça Koch (UNICAMP)
Leonor Lopes Fávero (USP/PUC-SP)
Luiz Carlos Travaglia (UFU)
Maria das Graças Soares Rodrigues (UFRN)
Maria Helena Moura Neves (UPM/UNESP)
Maria Luiza Braga (UFRJ)
Mariangela Rios de Oliveira (UFF)
Marli Quadros Leite (USP)
Mônica Magalhães Cavalcante (UFC)
Regina Célia Fernandes Cruz (UFPA)
Ronald Beline (USP)

Dados Internacionais de Catalogação na Publicação (CIP)
(Câmara Brasileira do Livro, SP, Brasil)

Silva, José Romerito
  O grau em perspectiva : uma abordagem centrada no uso / José Romerito Silva. – São Paulo : Cortez, 2014. – (Coleção leituras introdutórias em linguagem ; v. 5)

  Bibliografia.
  ISBN 978-85-249-2268-8

  1. Língua e linguagem – Estudo e ensino 2. Linguística I. Título. II. Série.

14-08234   CDD-410.07

Índices para catálogo sistemático:
  1. Linguagem : Linguística : Estudo e ensino   410.07

José Romerito Silva

O grau em perspectiva:
uma abordagem centrada no uso

Coleção Leituras Introdutórias em Linguagem
Vol. 5

O GRAU EM PERSPECTIVA: uma abordagem centrada no uso
José Romerito Silva

Capa: aeroestúdio
Preparação de originais: Nair Kayo
Revisão: Amália Ursi
Composição: Linea Editora Ltda.
Coordenação editorial: Danilo A. Q. Morales

Nenhuma parte desta obra pode ser reproduzida ou duplicada sem autorização expressa do autor e do editor.

© 2014 by José Romerito Silva

Direitos para esta edição
CORTEZ EDITORA
Rua Monte Alegre, 1074 – Perdizes
05014-001 – São Paulo – SP – Brasil
Tel.: (55 11) 3864-0111   Fax: (55 11) 3864-4290
Site: www.cortezeditora.com.br
e-mail: cortez@cortezeditora.com.br

Impresso no Brasil – maio de 2015

Sumário

Apresentação da Coleção 9

Apresentação
Margarida Basilio e Maria Auxiliadora Bezerra 11

Introduzindo o tema 17

Capítulo 1. A Linguística Funcional Centrada no Uso. 21
  1.1 Caracterização geral e conceitos básicos 21
  1.2 Princípios, processos e categorias analíticas
      da LFCU para o exame do grau 23
      1.2.1 Informatividade e perspectivização 24
      1.2.2 Iconicidade 26
      1.2.3 Categorização 27
      1.2.4 Projeções matafóricas e metonímicas,
             analogia e reanálise 28

Capítulo 2. O modelo de abordagem vigente
sobre o grau 31
2.1   Grau do substantivo 32
2.2   Grau do adjetivo 33
2.3   Grau do advérbio 34
2.4   Grau do verbo 35

Capítulo 3. Aspectos funcionais do grau 37
3.1   Definição de *grau* 38
3.2   A funcionalidade do grau 39
     3.2.1   Tipologia semântica do grau 39
     3.2.2   Reforço do grau 44
     3.2.3   A escalaridade do grau 46
     3.2.4   A base comparativa do grau 52
     3.2.5   Projeções metafóricas e/ou metonímicas
             em noções graduais 55
     3.2.6   A perspectivização do grau 80
     3.2.7   O grau na informatividade e na progressão
             discursiva 96

Capítulo 4. Aspectos formais do grau 101
4.1   No plano fonético 101
4.2   No plano morfológico 102
4.3   No plano lexical 103
4.4   No plano sintático 105

4.5	No plano textual	106
	4.5.1 Reiteração	106
	4.5.2 Gradação discursiva	107
4.6	Fusão de diferentes planos de expressão	109
4.7	A iconicidade na expressão do grau	112
4.8	Conteúdos lexicais vinculados à noção gradual	114
	4.8.1 Substantivos	115
	4.8.2 Adjetivos	115
	4.8.3 Verbos	115
	4.8.4 Advérbios	116
	4.8.5 Pronomes	116
	4.8.6 Locuções nominais	116
4.9	Nível de integração de afixos graduadores	118
4.10	Especificidades de registro de formas graduadoras	119

Considerações finais ... 123

Desdobramentos do tema ... 127

Lendo mais sobre o tema ... 131

Referências ... 133

Índice remissivo ... 139

Apresentação da Coleção

A Coleção **Leituras Introdutórias em Linguagem** é destinada a alunos e professores de Letras, Linguística, Educação, *Design*, Sociologia, Psicologia e demais interessados nos estudos da linguagem. Tem por objetivo explorar temas centrais para essas áreas, sempre numa perspectiva em que se estabeleça uma articulação entre teoria e prática, através da inserção de atividades de pesquisa, incentivando, assim, os leitores a desenvolverem pesquisas quer no âmbito universitário quer na educação básica. Uma característica peculiar desta Coleção recai na forma de construção dos textos. A metodologia de trabalho envolve, além das organizadoras da coleção, dois "times" fundamentais que dialogam com os autores: os "leitores especialistas" e os "pareceristas especialistas". O primeiro grupo, formado por 10 alunos de graduação em Letras de diferentes IES, faz a leitura dos originais e emite seus comentários. Cada original é, no mínimo, lido por três graduandos de IES distintas. Os comentários são encaminhados aos autores pelas organizadoras, que também leem os originais. Uma nova versão é enviada pelos autores para as organizadoras, após leitura e discussão dos pareceres recebidos. O segundo grupo, "pareceristas especialistas", entra em cena, quando organizadoras e autores consideram que a reescrita do livro está pronta, finalizada. Nesse momento, é convidado um estudioso do tema do livro para que emita um parecer sobre este. Com o parecer em mãos, organizadoras e autores voltam ao texto do livro para fazer as alterações que ainda possam ter sido sugeridas para aprimorar a qualidade da obra. Em outras palavras, a Coleção **Leituras Introdutórias em Linguagem** é, ao mesmo tempo, um exercício de escrita acadêmica para autores e organizadoras e um exercício de aprendizagem de leitura crítica de textos acadêmicos para alunos de graduação. Assim, esse pequeno time, ainda em formação regular, sugere, direciona, auxilia a escrita dos textos que poderão servir de referências para seus pares. De nosso lado, mensuramos (se isto é possível em tal contexto) as contribuições, críticas, sugestões, através do nosso compromisso com a formação dos cidadãos e com o incentivo às pesquisas na área da linguagem. Para avaliar o título *O grau em perspectiva: uma abordagem centrada no uso*, participou como parecerista convidada a professora Margarida Basilio (PUC-RJ). A equipe de alunos de graduação em Letras que integrou o elenco de leitores especialistas foi composta por Aluska Silva (UFCG), Monique Borges Ramos da Fonseca (UFF), Bruno Araújo (UERJ), Sara Azevedo (UFRN), Beatriz de Lucena Moreira (UFRN), Larissa Moraes Pedrosa (UFCG) e Laís de Souza Ribeiro (UFCG). A todos o nosso muito obrigada!

Organizadoras da Coleção
Leituras Introdutórias em Linguagem
Maria Angélica Furtado da Cunha
Maria Auxiliadora Bezerra
Mariângela Rios de Oliveira

Apresentação

A noção de grau na plenitude de sua natureza semântica, expressiva e funcional

Margarida Basilio[1]
Maria Auxiliadora Bezerra[2]

Em abordagens tradicionais, em que é visível a herança da gramática clássica que incorpora o sistema aristotélico, as categorias gramaticais correspondem a propriedades acidentais da palavra, expressas no que hoje consideramos como variação

---

1. Margarida Basilio, professora titular emérita da Pontifícia Universidade Católica do Rio de Janeiro, atua em Teoria e Análise Linguística nas áreas de Morfologia e Léxico, tendo como principal interesse de investigação a formação de palavras e as construções lexicais do Português. Dentre suas publicações mais recentes, destacam-se *Mudam-se paradigmas, mantêm-se os paradigmas: notas sobre conceitos e métodos na morfologia* (2011), *Pesquisa em Morfologia: exemplos, pressupostos, precauções* (2012).

2. Maria Auxiliadora Bezerra, professora associada da Universidade Federal de Campina Grande (Paraíba), atua principalmente na área de Linguística Aplicada, desenvolvendo trabalhos sobre ensino de língua materna, leitura/escrita e ensino de texto e avaliação da aprendizagem. É membro da Coodernação Editorial da Coleção Leituras Introdutórias em Linguagem, publicada pela Cortez Editora (SP). Dentre suas publicações mais recentes, encontram-se *Análise Linguística: afinal a que se refere?* (2013), *A Gramática nas aulas de Português do Ensino Médio* (2012), *A terminologia da Gramática tradicional retomada em estudos descritivos atuais* (2012).

flexional. Talvez seja este o motivo que levou a Nomenclatura Gramatical Brasileira a considerar o grau morfológico como flexão, visto que a dimensão e a intensidade, usualmente atribuídas à expressão do grau morfológico, são vistas como avaliações implícitas ou explícitas do significado de substantivos e adjetivos, configurando-se, portanto, como acidentais à substância do termo assim modificado. Na perspectiva estruturalista, entretanto, uma categoria gramatical exprime em marcas flexionais uma noção que se constitui como parte da estrutura gramatical da língua, sendo, portanto, obrigatória sua manifestação estrutural.

A controversa situação morfológica do grau em português, visível em gramáticas normativas, em que o grau é, por vezes, descrito na parte dedicada à flexão de substantivos, adjetivos e advérbios, mas também considerado como derivação, levou muitos linguistas interessados na descrição do Português a se concentrarem nos critérios de classificação morfológica do grau como flexão ou derivação.

Por outro lado, encontramos, em diferentes abordagens, estudos e menções à expressão do grau em Língua Portuguesa, focalizando quer uma subdivisão particular, como, por exemplo, o grau dos substantivos, quer integrando o tema em quadros mais gerais, como a expressividade e a pejoratividade, em livros, artigos, teses e dissertações tais como Rosa (1983), Basilio (2004), Turunen (2009), Gonçalves (2003), Malheiros-Poulet (1984), dentre muitos outros.

A maior parte dessas abordagens, no entanto, embora revelando diferentes aspectos semânticos, trazendo evidências oriundas da análise de *corpora* de envergadura, contemplando fatores sociolinguísticos ou, de uma maneira ou outra, complementando ou contrapondo-se às determinações das gramáticas normativas, ainda a esta se submetem, na medida em que se circunscrevem à abordagem do grau como um fenômeno morfológico.

Assim, é certamente bem-vinda, de fato necessária, indispensável, a possibilidade de vermos *O grau em perspectiva: uma abordagem centrada no uso*, obra de autoria de José Romerito Silva, que enfatiza, no grau, não sua dimensão mais restritamente gramatical, mas a plenitude de sua natureza semântica, expressiva e funcional. A publicação tem ainda o mérito de informar o leitor sobre abordagens anteriores do grau e de estabelecer um quadro classificatório bastante didático e informativo, assim como de introduzi-lo às noções teóricas da Linguística Funcional Centrada no Uso, sobretudo no que concerne à investigação do grau na Língua Portuguesa.

Composto de quatro capítulos, o livro apresenta, no primeiro, o aporte teórico funcionalista que sustenta a proposta do autor, orientado por obras relevantes e atuais da área da Linguística Cognitivo-Funcional. O conjunto de conceitos-chave dessa teoria, acompanhado de sua descrição e/ou explicação, traz grande contribuição para o leitor iniciante, pois, além de esclarecer a terminologia, apresenta exemplos elucidativos. No segundo capítulo, Silva resume a abordagem vigente sobre o grau, que provém da gramática tradicional. Nos terceiro e quarto capítulos, o autor apresenta uma proposta alternativa de estudo do grau, iniciando pela exposição de definições de grau e continuando com a caracterização do grau no plano do conteúdo (fatores nocionais, aspecto, escopo, tipologia, por exemplo), no plano da expressão (no plano fonético, morfológico, lexical, sintático, textual) e aspectos cognitivos na atribuição de grau (a relação icônica forma-função nas manifestações do grau, projeções metafóricas e/ou metonímicas na conceitualização do grau, fatores discursivo-interacionais implicados no recurso ao grau, relação entre grau e objetividade/(inter)subjetividade). Todos os capítulos são amplamente ilustrados com exemplos, que favorecem a compreensão do assunto por parte do leitor.

Além desses capítulos, o livro contém ainda uma seção que propõe temas relacionados ao grau, para discussão, e sugestões de leitura, para aprofundamento. Em outras palavras, tomando por base teórica a Linguística Funcional Centrada no Uso e incluindo proposições fundamentais da Linguística Cognitiva, o autor retoma, esclarece e reformula uma visão tradicional de distinção e relação entre grau e gradação, dispersa em vários dicionários de termos linguísticos e dicionários da Língua Portuguesa.

A obra que ora apresentamos se insere, pois, numa mais recente e atual abordagem dos estudos linguísticos e vem trazer uma contribuição de relevância, tanto por sua orientação, que desprivilegia o grau considerado como categoria gramatical, adequadamente alargando seu escopo, quanto por ressaltar a abrangência dessa categoria não apenas do ponto de vista semântico, objetivo e subjetivo, mas também como "uma das estratégias discursivas mais utilizadas nos processos intercomunicativos — dos mais simples e descontraídos, [...] àqueles mais formais e ritualizados" (SILVA, neste volume). A outra contribuição da obra é a metodologia adotada na análise, que nos propicia constatar com relativa facilidade o alto teor de utilização da gradação de conceitos na língua corrente em nossos dias.

Está, pois, de parabéns a Série **Leituras Introdutórias em Linguagem**, ao nos brindar com esta nova publicação que, com grande competência e preocupação didática, revela um novo caminho na abordagem dos mecanismos de expressão avaliativa na Língua Portuguesa.

REFERÊNCIAS

BASILIO, M. *Formação e classes de palavras no Português do Brasil.* São Paulo: Contexto, 2004.

GONÇALVES, C. A. A função indexical das formações x-íssimo, x-érrimo e x-ésimo no português do Brasil. *Veredas*, Juiz de Fora, n. 9, p. 149-168, 2003.

MALHEIROS-POULET, M.-E. *Les expressions d'intensité en Portugais du Brésil.* Université Lyon II, 1984.

ROSA, M. C. *Formação de nomes aumentativos*: estudo da produtividade de alguns sufixos portugueses. Dissertação (Mestrado) — Universidade Federal do Rio de Janeiro, Rio de Janeiro, 1983.

TURUNEN, V. *A reversão da relevância*: aspectos semânticos e pragmáticos de formações diminutivas no português do Brasil. Tese (Doutorado) — PUC-Rio, Rio de Janeiro, 2009.

Introduzindo o tema

Este livro tem como objeto de estudo a categoria *grau*. A atribuição de grau constitui-se uma das estratégias discursivas mais utilizadas nos processos intercomunicativos — dos mais simples e descontraídos, como é o caso de uma conversa íntima entre familiares ou entre amigos em uma rede social, àqueles mais formais e ritualizados, como uma defesa de mestrado ou uma resenha científica, por exemplo. A título de amostragem inicial, vejamos as ocorrências nos recortes textuais a seguir:

(1) F1 — é **muito chato** saber que está sendo gravado viu...
F2 — daqui a uns dez **minutinhos** você esquece...
F1 — [risos] **pior** que a gente num pode **esquecer demais** não... senão fala **muita besteira**...
F2 — e lá em casa... é **tanto nome** que sai... eu não tenho o que fazer... (Furtado da Cunha, 2011, p. 1)

(2) [...] questões atinentes à esfera contextual têm sido redimensionadas, no sentido de serem **mais consideradas** e incorporadas à pesquisa funcionalista [...]
[...] ao assumir efetivamente as relações contextuais como motivadoras dos fenômenos linguísticos, é preciso dar conta dessa dimensão com **maior rigor** e precisão [...]
[...] de modo que a trajetória unidirecional *função → forma*, **tão cara** e tradicional aos estudos funcionalistas, seja reelaborada [...] (Oliveira, 2012, p. 1-2)

As ocorrências de grau atribuído a conteúdos referenciais (substantivos), verbais e qualificativos (adjetivos), nos recortes textuais 1 (de uma conversa espontânea entre colegas) e 2 (de um artigo acadêmico), são uma demonstração parcial do alcance e da frequência desse conceito nos diversos usos linguísticos. De fato, por essas pequenas amostras, pode-se perceber a valiosa contribuição que o grau representa na construção de sentidos no discurso.

A abordagem dos gramáticos e da literatura especializada tradicionais sobre o grau limita-se à descrição semântico-estrutural deste desvinculada do uso efetivo da língua. Tal descrição vem aliada em muitos casos à prescrição normativa quanto à codificação do grau nos padrões cultos. O tratamento dispensado a esse assunto é em geral relegado a um plano secundário, como parte do estudo de aspectos semânticos e flexionais de substantivos, adjetivos e advérbios, de modo bastante idealizado. Entre os autores que se destacam nessa linha de abordagem, estão, por exemplo, Almeida (1999), Bechara (2001), Cunha e Cintra (2001), Cegalla (2008), Rocha Lima (2010) e outros.

Em outras fontes de estudo fora do âmbito e do teor das gramáticas tradicionais, há alguns trabalhos dedicados exclusivamente ao grau no português. Entre eles, citamos Cruzeiro (1973), Staub e Regueira (1973), Fonseca (1985), Lopes (2000), Melo (2003), Gonçalves (2003 e 2007).

Adotando um enfoque relativamente diverso da linha de abordagem assumida pela tradição gramatical e por esses outros trabalhos, os quais tratam o grau vinculado a categorias lexicais, neste livro discutimos essa questão sob uma ótica que procura articular língua, discurso, cognição e interação. Nessa perspectiva, o grau é examinado considerando-se, de modo mais ou menos integrado, o polo da *função*, com interesse em fatores semânticos, cognitivos, discursivos e sociopragmáticos implicados em seus variados usos, e o polo da *forma*, com atenção a aspectos fonético-fonológicos, morfológicos, sintáticos e textuais.

Os dados para o exame do grau aqui são extraídos em grande parte do *Corpus Discurso & Gramática* (*Corpus D&G*) em suas variadas seções, a saber: *A língua falada e escrita na cidade do Rio de Janeiro* (VOTRE e OLIVEIRA, 1995), *A língua falada e escrita na cidade do Rio Grande* (VOTRE e OLIVEIRA, 1996), *A língua falada e escrita na cidade de Niterói* (VOTRE e OLIVEIRA, 1998), *A língua falada e escrita na cidade do Natal* (FURTADO DA CUNHA, 1998) — doravante, *Corpus D&G/RJ*, *Corpus D&G/RG*, *Corpus D&G/Niterói* e *Corpus D&G/Natal*, respectivamente. Esses *corpora* compõem-se de textos orais e escritos produzidos por alunos da alfabetização, da 4ª e da 8ª série do 1º grau, do 2º grau[1] e por universitários.

Tais textos encontram-se divididos na seguinte tipologia: *narrativa de experiência pessoal*, *narrativa recontada*, *descrição de local*, *relato de procedimento* e *relato de opinião*. Nesse formato, o *Corpus D&G* recobre um leque diversificado quanto aos modos de organização do discurso (narrativo, descritivo, argumentativo). Ademais, por ser, em certa medida, representativo de diferentes comunidades de fala do país, fornece amostras significativas quanto à variedade de expressão do grau.

Além de textos do *Corpus D&G*, são também utilizados como material de análise o *Banco Conversacional de Natal* (FURTADO DA CUNHA, 2011) — doravante, *BC/Natal* — bem

---

1. Preservamos aqui a nomenclatura vigente na época desses níveis de ensino: Alfabetização, 4ª e 8ª séries do 1º grau e 2º grau, conforme se encontram nos *corpora* citados. Atualmente, Alfabetização e 4ª série equivalem, respectivamente, aos 1º e 5º anos do Ensino Fundamental I; a 8ª série é hoje o 9º ano do Ensino Fundamental II; o 2º grau corresponde ao atual Ensino Médio.

como textos oriundos de fontes diversas, tais como livros, jornais, revistas, *sites* e avulsos não formalmente registrados, conforme a necessidade.

A finalidade é contemplar uma vasta e variada gama de gêneros discursivos com diversidade temática, nas distintas modalidades de linguagem (fala e escrita), e com diferentes formas de estruturação e de divulgação social. Esse procedimento se justifica no objetivo de verificar a manifestação do grau em diversificados usos da língua.

Para o exame da questão em foco, utilizamos como apoio teórico-metodológico pressupostos da Linguística Funcional Centrada no Uso (ou Linguística Cognitivo-Funcional). Essa corrente de estudos aglutina postulados e categorias analíticas da tradição funcionalista norte-americana e da linguística cognitiva.

Esperamos que a análise e as considerações sobre o grau realizadas neste livro contribuam não apenas para ampliar e aprimorar a compreensão acerca desse importante fenômeno discursivo, mas também para provocar reflexões produtivas sobre seu tratamento apropriado em sala de aula.

Capítulo 1

A Linguística Funcional Centrada no Uso

Linguística Funcional Centrada no Uso (doravante, LFCU), também denominada Linguística Cognitivo-Funcional, conforme Tomasello (1998), identifica uma tendência funcionalista de estudo das línguas (*Usage-Based Linguistics*, na literatura norte-americana). Esse modelo de abordagem é resultado da união da tradição funcionalista norte-americana (representada por linguistas como, por exemplo, Talmy Givón, Joan Bybee, Paul Hopper, Sandra Thompson, Elizabeth Traugott) com a Linguística Cognitiva (cujos representantes são Michael Tomasello, William Croft, George Lakoff, Ronald Langacker, John Taylor e outros).

1.1 CARACTERIZAÇÃO GERAL E CONCEITOS BÁSICOS

A LFCU parte do princípio de que há uma simbiose entre língua e prática discursiva, no sentido de que ambas interagem e se influenciam mutuamente. Nessa perspectiva, a língua é compreendida como um sistema adaptativo — i.e., relativamente variável e mutante — em consequência das vicissitudes do discurso (BECKNER et al., 2009). O discurso, por sua vez, é visto como construção e troca intersubjetiva de sentido(s), ou seja, como qualquer evento de produção e compreensão de enunciados, funcionalmente motivado, num dado contexto de interação social (DU BOIS, 2003b).

Esse paradigma de investigação vê o comportamento linguístico como reflexo de capacidades cognitivas[1] que dizem respeito aos princípios de categorização, à organização conceptual, ao processamento linguístico e, sobretudo, à experiência humana no contexto de suas atividades individuais e sociointeracionais. Nesse sentido, as construções linguísticas são concebidas como esquemas cognitivos do mesmo tipo que encontramos em outras habilidades não linguísticas, ou seja, como procedimentos relativamente automatizados a fim de realizar coisas comunicativamente, tais como informar, sugerir, convencer, ordenar, pedir, oferecer, proibir, reclamar entre outras. O falante adquire esse conhecimento à medida que aprende a usar sua língua nas diversas situações cotidianas (TOMASELLO, 1998).

A LFCU busca descrever e explicar os fatos linguísticos com base nas funções semântico-cognitivas e discursivo-pragmáticas[2] que desempenham nos diversos contextos de uso da língua, integrando sincronia e diacronia, numa abordagem pancrônica (FURTADO DA CUNHA et al., 2013). Em razão disso, procura essencialmente trabalhar com dados de fala e/ou de

---

1. *Cognição* é entendida aqui como o conjunto de operações mentais configuradoras de nosso sistema conceitual, tendo como base o contato do indivíduo com o ambiente físico e sociocultural em que vive (IBAÑEZ, 2001).

2. *Pragmática* diz respeito a fatores relativos ao contexto de interação. Entre eles, estão, por exemplo, o(a) papel/imagem social dos interlocutores, os conhecimentos partilhados (ou não) entre eles, suas ações e atenção conjuntas, as negociações de sentido(s), os interesses comunicativos (BECKNER et al., 2009).

escrita inseridos em contextos efetivos de comunicação. Alguns dos fatores considerados nas análises são os efeitos da frequência de uso, a modelagem das estruturas linguísticas no contexto discursivo e as inferências pragmáticas[3] que acompanham a língua na interação (TRAUGOTT, 2011).

Esse modelo de abordagem entende que a frequência de uso de uma determinada forma linguística (lexical ou gramatical) leva a seu estabelecimento no repertório do falante e faz dela uma unidade de processamento, o que implica que o falante explora recursos linguísticos disponíveis para atingir seus propósitos comunicativos. Entretanto, o discurso exibe padrões linguísticos que extrapolam o que é predizível apenas pelas regras gramaticais, e a explicação para a existência desses padrões deve ser procurada no âmbito da cognição e da comunicação (BYBEE, 2010).

1.2 PRINCÍPIOS, PROCESSOS E CATEGORIAS ANALÍTICAS DA LFCU PARA O EXAME DO GRAU

Uma vez que a LFCU toma como pressuposto a ideia de que a estrutura da língua é motivada por fatores cognitivos, sociocomunicativos e linguísticos, ela considera em suas análises princípios, processos e categorias que dão conta de aspectos tanto externos quanto internos ao sistema. Para o estudo do grau neste livro, destacamos *informatividade, perspectivização, iconicidade, categorização, projeções metafóricas e metonímicas*, incluindo nestas *analogia* e *reanálise*.

---

3. *Inferência pragmática* (ou *Inferência sugerida*) refere-se à construção negociada de determinados sentidos no momento da interação, os quais não são convencionalmente dados, mas podem ser inferidos a partir de certas pistas co(n)textuais (TRAUGOTT, 2011).

1.2.1 Informatividade e perspectivização

A noção de *informatividade* refere-se ao conteúdo informacional que os interlocutores compartilham ou supõem compartilhar no momento da interação (Givón, 1984). Isso porque, tanto do ponto de vista cognitivo como do pragmático, um indivíduo comunica-se com outro para lhe informar alguma coisa acerca do mundo externo ou de seu mundo interior, esperando provocar alguma alteração no conhecimento e/ou nas atitudes e ações do interlocutor.

Sendo assim, o locutor não apenas procura dosar o conteúdo informacional em função do que supõe que seu parceiro já conhece ou não, mas também se esforça em monitorar/orientar o ponto de vista deste, visando atingir determinado(s) objetivo(s). Para isso, conta tanto com o aparato léxico-gramatical, em suas múltiplas possibilidades de seleção e organização textual, quanto com recursos extralinguísticos (gestos, expressões, dados do contexto interacional). Cabe assinalar que esses procedimentos são, em alguma medida, relativamente automatizados e inconscientes.

Os estudos clássicos sobre informatividade circunscrevem-se ao estatuto informacional do sintagma nominal (SN), classificando-o em *dado* (ou *velho*) e *novos*, e as categorias intermediárias *inferível* e *disponível*. Essas categorias correspondem à avaliação que o locutor faz do estado de ativação dos elementos referenciais na memória do interlocutor (Chafe, 1987).

Estendendo suas considerações para o nível da oração, Tomasello (1998) argumenta que o conteúdo proposicional (sujeito e predicado) é estruturado sintaticamente em função de demandas da circunstância comunicativa. Significa que, numa dada situação de interação verbal, os componentes frasais e as relações entre sentenças são em parte pragmaticamente orientados, no sentido de conter menos ou mais informação sobre um evento ou um estado de coisas.

No que se refere ao grau, a informatividade se revela no fato de que, ao apresentar um dado conteúdo — referencial, eventual, qualificativo ou circunstancial —, se o falante/escrevente atribui-lhe alguma propriedade gradual, está com isso agregando um traço conceitual e assim fornecendo um detalhe (ou informação) a mais acerca desse conteúdo. Esse procedimento parece estar relacionado ao que Talmy (2000) considera como "granularidade", no sentido de o locutor focalizar a cena de forma mais minuciosa, objetiva ou subjetivamente, como se a ela fosse dada uma espécie de *zoom*.

Associada à informatividade, a *perspectivização* vincula-se ao direcionamento da atenção sobre um evento referencial; isto é, tem a ver com a focalização de aspectos específicos de uma cena (TALMY, 2000; LANGACKER, 2008). Significa que, ao relatar um determinado evento ou descrever uma dada situação, o usuário da língua "escolhe" um elemento particular como o ponto de vista a partir do qual esse evento/situação é comunicado(a).

Perspectivização relaciona-se ainda ao viés com que a cena é focalizada, no sentido de se apresentar com menos ou mais teor de objetividade ou de (inter)subjetividade.[4] Em relação a esse ponto, Langacker (2006) argumenta que a perspectivização é inseparável da conceitualização e que, nesse contexto, objetividade ou (inter)subjetividade é uma questão de grau.

---

4. *Objetividade* refere-se ao que é externo ao locutor/interlocutor; *subjetividade* vincula-se ao mundo interior/afetivo do falante/escrevente; *intersubjetividade* tem a ver com as ações/reações que se deseja provocar no ouvinte/leitor (TRAUGOTT e DASHER, 2002).

1.2.2 Iconicidade

Em linhas gerais, *iconicidade* é definida como a correlação motivada entre forma e função, ou seja, entre o código linguístico e seu conteúdo (GIVÓN, 1984).[5] Os linguistas cognitivo-funcionais advogam o pressuposto de que a língua é organizada nos mesmos moldes que a conceitualização humana do mundo. Sendo assim, a estrutura de uma construção linguística reflete de algum modo a estrutura do conceito que ela expressa (CROFT, 1990).

Givón (1984) aponta três subprincípios básicos da iconicidade: *quantidade, proximidade* e *ordenação linear*. Destes, serão destacados apenas os dois primeiros, posto que são os que interessam para a análise do fenômeno em pauta neste livro.

O subprincípio da *quantidade* estabelece que quanto maior for a quantidade de informação, maior será a quantidade de forma para sua codificação. Um exemplo disso é a atribuição de grau a algum conteúdo, o qual é formalmente codificado com mais material linguístico, contrastando com esse mesmo conteúdo em sua acepção básica/"normal". Quer dizer, o acréscimo informacional e a complexidade conceitual daquele são marcados com uma forma estruturalmente mais complexa se comparada à deste.

O subprincípio da *proximidade*, por sua vez, manifesta que os conceitos mais integrados no plano cognitivo também se apresentam com maior grau de aderência morfossintática. Quer dizer, a contiguidade estrutural entre os morfemas de um vocá-

---

5. *Função/Funcional* consiste nos papéis semântico-cognitivos e/ou discursivo-pragmáticos que a língua desempenha nas variadas práticas sociocomunicativas (NICHOLS, 1984).

bulo/uma locução, ou entre os constituintes de um sintagma, ou ainda entre os enunciados num texto reflete a estreita relação entre os signos no nível conceitual.

Bybee et al. (1994, p. 11) confirmam isso, dizendo: "[...] elementos que estão semanticamente juntos tendem a vir próximos um do outro na oração". É o que acontece, por exemplo, na graduação de algum conteúdo, uma vez que, seja na forma analítica ou mais evidentemente na sintética, o termo ou o morfema graduador vem sempre integrado/adjunto à palavra que ele modifica.

1.2.3 Categorização

A *categorização* é um processo cognitivo de domínio geral no sentido de que categorias perceptuais de vários tipos são criadas a partir da experiência humana, independente da língua. Lakoff e Johnson (1999) afirmam que nosso sistema conceitual é alicerçado e estruturado por um vasto conjunto de padrões recorrentes de interações perceptuais. As estruturas dessas interações formulam a compreensão de domínios conceituais mais abstratos. Nessa perspectiva, a construção de conceitos relaciona-se às experiências do ser humano no ambiente biofísico e sociocultural, e são esses conceitos que nos permitem caracterizar mentalmente as categorias e raciocinar sobre elas.

Assim, a categorização permeia nossa relação com o ambiente físico e social e com nosso intelecto. Entendemos o mundo não apenas em termos de coisas individuais, mas também em termos de *categorias de coisas*. Isso se dá também no domínio linguístico: do mesmo modo que categorizamos o universo biofísico e sociocultural, categorizamos a língua

(CROFT, 1990; TAYLOR, 1992). Nesse domínio, a categorização diz respeito à semelhança ou identidade que ocorre quando palavras e sintagmas e suas partes componentes são reconhecidas e associadas a representações armazenadas na mente. As categorias resultantes são a base do sistema linguístico, sejam fonemas, morfemas, palavras ou locuções e suas respectivas funções sintáticas.

1.2.4 Projeções metafóricas e metonímicas, analogia e reanálise

Diferentemente da visão tradicional, que concebe a *metáfora* como uma figura de palavra, um ornamento linguístico, a LFCU entende a metáfora como um caso de operações entre domínios cognitivo-conceituais, imprescindível no processamento mental e no intercâmbio diário de significação comunicativa.

Lakoff e Johnson (1999) assinalam que, nas metáforas, ocorrem mapeamentos entre domínios conceituais, em que determinadas noções de um domínio são projetadas em outro. Ou seja, um conceito é formulado em termos de outro pelo fato de compartilharem alguma(s) correspondência(s) conceitual(is).

A metáfora recobre uma quantidade considerável de categorias conceituais utilizadas nas diversas formas de interlocução, emprestadas de noções que têm como fundamento significados construídos a partir das experiências do indivíduo com o ambiente circundante. Por meio de projeções metafóricas, estruturamos não só conceitos e eventos, mas também a própria língua.

Para a abordagem funcionalista centrada no uso, a metáfora desempenha um papel importante na mudança linguística, no sentido de licenciar o uso de um dado conceito de base mais concreta, vinculado a alguma experiência sensório-motora, em um contexto de significação mais abstrata. Esse novo conceito metafórico pode, em uma situação comunicativa e ambiente linguístico específicos, vir a assumir certa função gramatical (HEINE et al., 1991; HOPPER e TRAUGOTT, 2003). Dadas a frequência e a produtividade com que tal uso se manifesta na comunicação cotidiana, opera-se um novo arranjo conceitual e formal, que resulta possivelmente na fixação de um novo componente gramatical.

Frequentemente associada à metaforização, a *analogia* figura como um dos mecanismos favorecedores desse processo. Isso porque, para o estabelecimento da metáfora, o falante/escrevente leva em consideração determinadas semelhanças ou propriedades afins entre um domínio e outro, no plano do conteúdo e/ou no da forma (FISCHER, 2011).

Nesse sentido, a expressão do grau é em muitos casos uma evidência do mapeamento metafórico de um conceito mais ancorado na concretude em outro de natureza mais abstrata. Além disso, contribui nesse mapeamento o fato de se procurar seguir um dado paradigma já existente, o que significa economia de processamento, favorecido ainda pela inferenciação pragmática.

Segundo Lakoff e Turner (1989), a *metonímia* constitui um mapeamento dentro de um mesmo domínio conceitual, de modo que a entidade de um domínio pode ser utilizada para se reportar a uma outra entidade desse mesmo domínio.

A LFCU compreende a metonímia como o processo cognitivo no qual uma entidade conceitual fornece acesso a outra entidade conceitual dentro de um mesmo domínio (HOPPER e TRAUGOTT, 2003). Constata-se sua importância no que se refere ao processo de reanálise, decorrente da contiguidade e da associação conceituais entre os componentes linguísticos no curso da interação verbal.

As projeções metonímicas implicam uma transferência semântica que se dá pela relação de contiguidade conceitual entre os elementos no mundo biofísico e social. No contexto linguístico, essa contiguidade ocorre na linearidade da cadeia sintagmática e se relaciona à interdependência morfossintática entre as entidades envolvidas. A contiguidade e a interdependência entre signos, com a frequência de uso, resultam muitas vezes em reinterpretação e reorganização desses signos, ou seja, em *reanálise*.

Vale observar que, no uso efetivo da língua, esses princípios, processos e categorias analíticas, brevemente expostos aqui, se entrecruzam e se influenciam mutuamente. Tais postulados teóricos serão oportunamente invocados no terceiro e no quarto capítulos para o exame do recurso ao grau conforme entendido neste livro.

Capítulo 2

O modelo de abordagem vigente sobre o grau

O tratamento do *grau* nas gramáticas tradicionais tem-se limitado a uma sucinta exposição descritiva do que é comumente denominado *grau* (ou *graduação*, para alguns). Em todos esses casos, procede-se à divisão do tema nas seguintes categorias semânticas: *grau do substantivo, grau do adjetivo* e *grau do advérbio*. O primeiro é subdividido em *grau aumentativo* e *grau diminutivo*; os dois últimos subdividem-se em *grau comparativo*, que se secciona nos subtipos *de inferioridade, de igualdade* e *de superioridade*, e *grau superlativo*, com os subtipos *relativo* e *absoluto*. Quanto aos modos de expressão linguística dessas categorias, apresentam-se as formas *sintética*, com acréscimo de marca morfológica de graduação — prefixal ou sufixal[1] — no

---

1. Não trataremos aqui da questão flexão/derivação do grau, visto que ela já se encontra amplamente discutida em trabalhos como, por exemplo, os de Câmara Jr. (1989), Gonçalves (2007), Sousa (2008). Alinhando-nos à posição desses autores, defendemos que, do ponto de vista morfológico, o grau é um caso de *derivação*, pelo fato de, entre outros motivos, não ser obrigatório; não ser paradigmático, isto é, não segue um padrão previsível; não ter relevância sintática, ou seja, não influencia a concordância; ser formal e funcionalmente multifacetado, o que significa que pode ser expresso por recursos linguísticos diversos e exibe um variado leque de propriedades semântico-discursivas.

lexema, e *analítica*, com um termo graduador relacionado ao item lexical.

As exemplificações utilizadas para ilustrar esse fenômeno são, em alguns casos, exemplos artificiais, criados pelo expositor, das possíveis formas de codificação e, em outros, colhidos dos clássicos da literatura. Como evidências dessa postura, apresentamos a seguir algumas amostras do estudo de cada categoria do grau.

2.1 GRAU DO SUBSTANTIVO

Recorremos à abordagem de Cunha e Cintra (2001, p. 192):

Um substantivo pode apresentar-se:
a) com a sua significação normal: *chapéu, boca*;
b) com a sua significação exagerada, ou intensificada disforme ou desprezivelmente (GRAU AUMENTATIVO): *chapelão, bocarra; chapéu grande, boca enorme*;
c) com a sua significação atenuada, ou valorizada afetivamente (GRAU DIMINUTIVO): *chapeuzinho, boquinha; chapéu pequeno, boca minúscula*.
Vemos, portanto, que a GRADAÇÃO do significado de um substantivo se faz por dois processos:
a) SINTETICAMENTE, mediante o emprego de sufixos especiais, que estudamos no Capítulo 6 [Derivação e Composição: Formação de Palavras. p. 83-115]; assim, *chape-l-ão, boc-arra; chapeu-zinho, boqu-inha*;
b) ANALITICAMENTE, juntando-lhe um adjetivo que indique aumento ou diminuição, ou aspectos relacionados com essas noções: *chapéu grande, boca enorme; chapéu pequeno, boca minúscula* [grifos dos autores].

Como se pode ver por esses exemplos, são considerados apenas os substantivos classificados como "concretos", cuja dimensão pode ser observada pela experiência física. Não são contemplados nomes como *esperança*, *dúvida*, *dor*, *tempo*, *vontade*, entre outros, de base conceitual mais abstrata, cuja proporção não pode ser aferida perceptualmente em termos mensuráveis do mesmo modo que aqueles outros.

2.2 GRAU DO ADJETIVO

Apresentamos o estudo de Cegalla (2008, p. 169-172):

1. O grau do adjetivo exprime a intensidade das qualidades dos seres.
São dois os graus do adjetivo: o *comparativo* e o *superlativo*.

Grau comparativo

2. O grau comparativo pode ser:
1) de **igualdade**: Sou *tão alto como* (ou *quanto*) você.
2) de **superioridade**: *analítico*: Sou *mais alto* (*do*) *que* você.
sintético: O Sol é *maior* (*do*) *que* a Terra.
3) de **inferioridade**: Sou *menos alto* (*do*) *que* você.

Grau superlativo

3. O grau superlativo divide-se em:
1) **absoluto**: *analítico*: A torre é *muito alta*.
sintético: A torre é *altíssima*.
2) **relativo**: de *superioridade analítico*: João é *o mais alto* de todos.
sintético: Este monte é *o maior* de todos.
de *inferioridade*: Pedro é *o menos alto* de todos nós. [destaques do autor].

Nos itens seguintes, esse autor expõe, em primeiro lugar, uma lista dos usos canônicos do superlativo absoluto, principalmente na forma sintética; depois, apresenta algumas construções populares desse tipo de superlativo na linguagem cotidiana. Entre os exemplos dados, encontram-se "garota *supersimpática*", "Ela era *linda, linda*", "*magro de dar pena*" etc.

2.3 GRAU DO ADVÉRBIO

Citamos o que se encontra em Bechara (2001, p. 295-296):

Intensificação gradual dos advérbios — Há certos advérbios, principalmente os de modo, que podem manifestar uma relação intensificadora gradual, empregando-se no *comparativo* e *superlativo*, de acordo com as regras que se aplicam aos adjetivos:
1- COMPARATIVO DE
a) *inferioridade*: Falou *menos alto que* (ou *do que*) o irmão.
b) *igualdade*: Falou *tão alto quanto* (ou *como*) o irmão.
c) *superioridade*: 1) *analítico*: Falou *mais alto que* (ou *do que*) o irmão.
2) *sintético*: Falou *melhor* (ou *pior*) *que* (ou *do que*) o irmão.
2- SUPERLATIVO ABSOLUTO
a) *sintético*: Falou *pessimamente, altíssimo, baixíssimo, dificílimo*.
b) *analítico*: Falou *muito ruim, muito alto, extremamente baixo, consideravelmente difícil, o mais* depressa possível (indica limite da possibilidade). [destaques do autor]

Em seguida, o autor passa a tratar brevemente acerca do "*diminutivo com valor de superlativo*", lembrando ser isso característico da "*linguagem familiar*". Para isso, fornece exemplos como "Andar *devagarzinho*", "Saiu *agorinha*", entre outros.

2.4 GRAU DO VERBO

É interessante observar que, apesar de o grau do verbo ser um fenômeno bastante comum na interlocução tanto falada como escrita, a maioria dos gramáticos investigados parece ignorar ou, pelo menos, desprezar esse fato. A exceção é Almeida (1999, p. 302-303) ao falar de *"verbos aumentativos"* — *"os verbos que têm significação encarecida ou exagerada para mais"* — e *"verbos diminutivos"* — *"os verbos que têm significação encarecida ou exagerada para menos"*. O autor sublinha, ainda, que esses verbos são formados, em geral, pelos processos de prefixação e/ou de sufixação.

Almeida cita exemplos como bravejar < *esbravejar*; fulgir < *refulgir*; jurar < *tresjurar*; picar < *espicaçar*; roer < *corroer*; soar < *ressoar*; torcer < *retorcer*, entre outros, para os *aumentativos*. No caso dos *diminutivos*, apresenta verbos como adoçar > *adocicar*; beber > *bebericar*; chorar > *choramingar*; dormir > *dormitar*; ferver > *fervilhar*; lamber > *lambiscar*; saltar > *saltitar* e outros mais.[2]

Tal como já foi assinalado, por essas exposições, confirma-se o viés meramente descritivista e, em alguns casos, de tendência normatizadora dos enfoques tradicionais quanto ao grau. Esses estudos caracterizam-se ainda por sua desvinculação das diversas situações reais do uso linguístico, somando-se a isso a clara opção em privilegiar a variante de prestígio. A esse tipo de abordagem juntam-se também autores renomados, tais como Carreiro (1917), Ribeiro (1956), Said Ali (1971), Silveira (1972), Barreto (1980).

---

2. O sinal < representa escala ascendente ou aumento, enquanto > simboliza escala decrescente ou diminuição.

Capítulo 3

Aspectos funcionais do grau

Traçar o perfil conceitual do *grau* e apreender seus limites não é tarefa tão simples. Isso porque tal fenômeno recobre um complexo bastante amplo e variado de nuances semântico-discursivas não facilmente capturáveis.

Tradicionalmente, conforme já visto, o tratamento sobre esse tema tem-se limitado a descrever, principalmente, o grau das categorias substantivo, adjetivo e advérbio[1] em seus aspectos semânticos e formais, com evidente preferência pelos padrões canônicos e, em alguns casos, inegável pendor normativo. Mesmo nas abordagens recentes, cada uma a seu modo enfocando um ou outro aspecto dessa questão, o grau aparece invariavelmente vinculado ao estudo de categorias lexicais.

Optando por um encaminhamento relativamente diverso desse, pretendemos, nesta parte do estudo sobre o grau, examiná-lo em situações variadas de usos da língua, considerando

---

1. Conforme já observado no capítulo anterior, o grau do verbo não tem recebido a mesma atenção, salvo raríssimas exceções, tais como Cruzeiro (1973), Almeida (1999) e Flores (2004).

aspectos funcionais (semântico-cognitivos e discursivo-pragmáticos) não contemplados nas abordagens existentes. Obviamente, isso não significa dar conta desse tema em toda a sua extensão, tarefa praticamente inexequível dadas a magnitude e a complexidade desse fenômeno.

Antes, porém, apresentamos uma definição da noção de grau conforme entendida neste livro.

3.1 DEFINIÇÃO DE *GRAU*

O *Dicionário Houaiss* (HOUAISS e VILLAR, 2004, p. 1479) define o *grau*, num sentido mais amplo, como "[...] cada uma das posições, estágios que escalonam um processo ou uma ordem classificatória; situação, estado considerado em relação a uma série de outros progressivamente superiores ou inferiores [...]".

Do ponto de vista gramatical — portanto, numa acepção mais estrita —, o grau é definido como a "[...] categoria linguística que acrescenta a uma palavra ou a um semantema a noção de quantidade, intensidade ou tamanho [...]". Por essas palavras, pode-se depreender que o grau inclui: a ideia de escalonamento; a atividade comparativa; a relação com categorias linguísticas; as noções de hierarquia, quantidade, tamanho e intensidade.

Segundo já assinalado, o grau tem sido convencionalmente enfocado como um fenômeno semântico que se projeta sobre uma determinada forma linguística, alterando seu conteúdo básico em termos escalonáveis. Em perspectiva relativamente diversa das abordagens expostas, mas, ao mesmo tempo, aproveitando as contribuições significativas já empreendidas nessa área de estudos, entendemos a conceitualização do grau como uma atividade semântico-cognitiva e discursivo-pragmática fundada em nossas experiências individuais (físicas e/ou afetivas) e socioculturais.

Nessa conceitualização, escalonam-se, em certa medida, noções relativas a conceitos referenciais, eventos e estados de coisas em geral que são tomados, de algum modo, como suscetíveis a esse escalonamento, conforme determinados parâmetros e convenções. Tal conceitualização, associada ao propósito discursivo e ao contexto em que se dá, evidentemente, tem implicações em seu modo de expressão.

3.2 A FUNCIONALIDADE DO GRAU

Em relação à funcionalidade do grau, destacamos aqui, de modo relativamente articulado, aspectos referentes à sua natureza semântico-cognitiva — tais como tipologia, escalaridade, base comparativa, projeções metafóricas/metonímicas — bem como outros vinculados à sua dimensão discursivo-pragmática — entre eles, informatividade, perspectivização, progressão discursiva. Entretanto, em sintonia com a postura teórica da LFCU, vale salientar que esses domínios são compreendidos como entrelaçados e interdependentes, tornando-se praticamente impossível traçar limites claros entre um e outro no que concerne ao uso do grau.

3.2.1 Tipologia semântica do grau

Aqui, pretendemos traçar um perfil panorâmico das categorias do grau em relativa aproximação com as propostas de autores como Quirk e Greenbaum (1979), Gonçalves (2007), Rocha

(2008). Assim, de uma maneira geral, dividimos o grau em seis macrocategorias semânticas: *dimensivo, quantitativo, intensivo, hierárquico, avaliativo* e *afetivo*. Isso por entendê-las como tipos distintos de atribuição desse conceito a referências diversas, embora, em alguns contextos, possam vir mesclados, superpostos ou mesmo de diferenciação pouco definida. Passemos ao esclarecimento dessa tipologia de acordo com o que segue.

3.2.1.1 O grau dimensivo

Refere-se ao escalonamento em nível aumentado ou diminuído do tamanho/extensão física, estatura, proporção ou volume de uma dada entidade (ser ou coisa).[2] Esse tipo de grau está mais intimamente vinculado a conteúdos que descrevem o mundo físico que pode ser objetivamente mensurado.

(1) [...] mais adiante vamos ver umas **pedras grandes** que vem escorrendo **águas bem finas, rios bem largos** com **pedrinhas** de várias cores... (*Corpus D&G/RJ*, p. 76)

(2) [...] uma **cicatriz muito grossa** na testa... (*Corpus D&G/RG*, p. 20)

Nesses casos, percebemos a referência à dimensão física das entidades mencionadas quanto ao tamanho aumentativo (*grandes* em 1) e diminutivo (ped*rinhas* em 1); ao diâmetro e à largura graduados para mais (*finas* e *largos* em 1, *grossa* em 2).

---

2. Estamos ampliando aqui a concepção do grau dimensivo proposta em Gonçalves (2007), que a limitou apenas à ideia de tamanho. No nosso entender, tal noção deve também incorporar os conceitos de estatura, espessura, largura e demais outras que se vinculam à ideia de proporção física, uma vez que todas elas são passíveis de gradiência dimensiva.

3.2.1.2 O grau intensivo *(ou* intensificação*)*

Tem a ver com o incremento semântico aplicado a um determinado conteúdo para além de sua concepção normal ou já graduada. Assim, temos manifestação de intensidade, caracterizada pelo reforço escalar de direção para mais ou para menos, atribuída a uma dada noção, em geral, de natureza mais abstrata e subjetiva.

(3) [...] é um lugar **super restrito**... **super reservado**... **bem meu mesmo**... (Corpus D&G/RJ, p. 39)

(4) Veja como o satélite [Lua] vai se afastando da Terra, **devagarinho, devagarinho**. (VENTUROLI, T. Superinteressante, p. 88, out. 1998)

Note-se que, em 3, intensifica-se o grau de reserva/intimidade do lugar (*super restrito... super reservado... bem meu mesmo*); em 4, reforça-se a noção intensiva para menos de *devagar*, tanto pelo acréscimo do sufixo *-inho* como pela repetição do item lexical *devagarinho, devagarinho*.

3.2.1.3 O grau quantitativo

Vincula-se especificamente à quantificação indefinida de referentes ou noções contáveis/mensuráveis para mais ou para menos.

(5) [...] num tem lugar aqui no Brasil para **tanto preso**... (Corpus D&G/Natal, p. 380)

(6) [...] e bota um **pouquinho de sal**... (Corpus D&G/RG, p. 28)

Por esses casos, podemos constatar a ocorrência desse tipo distinto de noção gradual. Neles, vemos a menção a quantidades indefinidas passíveis de escalonamento aumentativo (em 5, *tanto* preso) e diminutivo (*pouquinho* de sal, em 6).

3.2.1.4 O grau hierárquico (ou posicional)

É denotado através da referência à posição de uma dada entidade ou de um estado de coisas considerado(a) como possuidor(a) de *status*/condição superior ou inferior numa escala de valores.

(7) [...] tem várias pessoas bem civilizadas... tá?... gente de **alto nível**... (*Corpus D&G/RJ*, p. 67)

(8) [...] isso além de ficarem em condições **sub-humanas**... (*Corpus D&G/Natal*, p. 381)

Por essas evidências, podemos constatar a atribuição de hierarquia (que, por si só, já pressupõe a ideia de nivelamento superior ou inferior) entre determinadas entidades ou noções conceituais: em 7, *alto nível* coloca *gente* em posição acima de outra(s) de nível inferior; em 8, o prefixo *sub-* inferioriza o conceito de humanidade, vista aí em situação abaixo do normal.

3.2.1.5 O grau avaliativo

Segundo Rocha (2008), na atribuição desse tipo de grau, o locutor exprime algum julgamento positivo (para mais) ou negativo (para menos) em relação a alguém/algo, revelando nisso considerável valorização ou depreciação. Esse procedimento pode ser confirmado pelas amostras que seguem.

(9) Mas **golaço** mesmo, no superlativo, aí foi com o centroavante. Damião, de bicicleta, empatou. Foi um **jogão**. (Disponível em: <http://blogaodointernacional.wordpress.com/2011/08/21/>. Acesso em: 2 out. 2011)

(10) F2 — Eu acho um absurdo isso... por isso eu gosto de Medeiros... por isso eu dava ponto a ele... ele esculhambava mas... presença... ficar contando **faltinha**... vai pra lá ômi... Eunice também é assim...
F1 — Ela sabe que aquela **materiazinha** que ela dá... (BC/Natal, p. 2)

As marcas de grau nessas amostras não se relacionam à dimensão/proporção dos respectivos referenciadores. Em vez disso, referem-se à avaliação que deles se faz. Nesse sentido, graduam-se de modo valorativo (para mais) ou depreciativo (para menos) estados de coisas considerados excessivamente positivos/apreciados ou negativos/desprezíveis associados a esses referenciadores.

3.2.1.6 O grau afetivo

Esse tipo de grau é, na verdade, um pseudograu, uma vez que nenhum conteúdo é de fato graduado. Trata-se antes de uma forma de o locutor demonstrar atitude gentil/carinhosa em relação a quem se dirige ou ao que se refere (BASILIO, 1987). Consideremos os casos a seguir.

(11) Tem toda razão de estar com frio. Alguém tirou a terra de cima de você, meu pobre **mortinho**! (FERNANDES, M.

O socorro. Disponível em: <http://www. consciencia.
net/2004/mes/03/millor-socorro.html>. Acesso em: 7 jul.
2008)

(12) Andressa — Ei... não... Alzenir... mas foi sério... por causa
de... de **Silvinha** e de Selvânia... **mainha** fica fazendo
guerra lá em casa... (*BC/Natal*, p. 8)

Nos trechos 11 e 12, as marcas de diminutivo não designam a pequenez ou a atenuação conceitual dos elementos referidos, e sim a atitude afetiva assumida pelos respectivos falantes para designá-los. Portanto, não se pode dizer que existe mesmo alguma atribuição gradual a esses referentes, mas apenas uma maneira afetuosa/emotiva de tratá-los ou de se reportar a eles.

3.2.2 Reforço do grau

Em diversos contextos, é possível verificar que a atribuição de grau vem acrescida de outros elementos graduadores, numa espécie de reforço/ênfase a uma noção já graduada, amplificando-a/elevando-a ou reduzindo-a/rebaixando-a ainda mais. Nesse caso, tem-se o que se poderia chamar de graduação/intensificação do grau, fenômeno já mencionado em autores como Ribeiro (1956), Said Ali (1971), Cruzeiro (1973), Barreto (1980). Vejamos alguns desses casos nos variados tipos de grau a seguir.

(13) [...] o Quico... anda sempre com *aquela* **bolona grande**...
(*Corpus D&G/RG*, p. 44)

(14) [...] o professor era *simplesmente* **louco... louco... daquele
de jogar pedra na lua**... (*Corpus D&G/Natal*, p. 51)

Nessas amostras, os conceitos mencionados encontram-se reforçados, imprimindo-se maior intensidade/"peso" a seus respectivos conteúdos já graduados: em 13, *grande* enfatiza o dimensivo *bolona*; em 14, *daquele de jogar pedra na lua* incrementa o intensivo *louco... louco*.

Ainda em relação ao reforço do grau, salientamos que é possível "graduar" um dado conteúdo que aparentemente não comporta tal noção, pelo fato de já se encontrar em sua acepção "precisa". Trata-se de uma espécie de ênfase que é aplicada quando se deseja reafirmar um conteúdo e, assim, não apenas realçá-lo como também elevar o grau de certeza e confiabilidade da informação. Esse recurso equivale à modalização epistêmica (grau de certeza/dúvida que o locutor tem com respeito à informação dada). Vejamos isso nos dados que seguem.

(15) [...] está **completamente sem verba** e ameaçado de fechar... (*Corpus D&G/RJ*, p. 15)

(16) [...] aí foi **bem na hora** que eu toquei nesse assunto... (*Corpus D&G/Natal*, p. 62)

Observe-se que *estar sem verba* (em 15) e *na hora* (em 16) são conteúdos que, em si mesmos, já designam conceitos relativamente precisos, portanto não necessitam ser complementados por nenhum outro acréscimo informacional. Na verdade, o que neles se percebe com os respectivos acréscimos enfáticos *completamente* e *bem* é algo como um reforço confirmativo da noção significada, de caráter mais discursivo-pragmático do que propriamente semântico-cognitivo.

Em contrapartida, há casos em que a graduação de um determinado conteúdo encontra-se em um nível atenuado, indicando o desejo do locutor em amenizar/suavizar o "peso" atribuído à informação. Todavia, mais ou menos semelhante ao que se afirmou anteriormente, muitas dessas ocorrências parecem também apontar para o grau de veracidade do que é informado, vinculando-se, do mesmo modo, à modalização epistêmica.

Isso pode ser ilustrado, por exemplo, com [...] **não me lembro muito bem**... (*Corpus D&G/Natal*, p. 110). Por essa amostra, podemos constatar a atenuação do grau da *lembrança*, reduzido por *não*... *muito*, numa tentativa do locutor em não se comprometer com a veracidade/certeza absoluta da informação.

Portanto, deve-se considerar o fato de o grau intensivo poder ser atribuído a uma noção aparentemente não suscetível a ou carente de tal atribuição, sendo esta de natureza mais enfática e compromissiva. Deve-se também atentar para ocorrências em que a intensidade de um conceito encontra-se enfraquecida, indicando baixo teor de conhecimento e de credibilidade quanto ao que se informa.

3.2.3 A escalaridade do grau

Segundo Flores (2004), a concepção de grau está intimamente vinculada à de escalaridade, tal como os degraus a uma escada. Assim, o grau tem a ver com tudo o que pode ser escalonado em diferentes níveis ou estados. Isso inclui conteúdos referenciais, eventos e situações em geral que são conceitualizados em termos escalares.

Tal escalonamento, por um lado, constitui um dos aspectos da natureza conceitual da graduação; por outro, relaciona-se a determinados propósitos discursivo-pragmáticos. Nesse sentido, o grau pode se estender mais ou menos dentro do *continuum* explicitado no quadro a seguir.

Escalaridade do grau

Níveis	Caracterização	Exemplificação
Máximo	(a)o máximo, o maior, (o...) todo, supremo, o mais, o... inteiro, o principal, ao extremo, completamente, totalmente, absolutamente, inteiramente, plenamente, tanto quanto possível, um completo, um perfeito, -mor, top-, arqui- etc.	(1) [...] eu acho que **o maior presente** que possam te dar é um emprego... (2) Todos **se esforçam o máximo** para ajudar nós alunos.
Aumentativo/ Amplificado direção para mais	grande, alto, longo, extenso, comprido, largo, grosso, espesso, gordo, profundo, muito(s), bastante(s), vários, mais, demais, tanto(s), farto, um monte de, uma porção de, acima de, elevado, superior, gigantesco, excessivo, extremamente, exorbitante, diversos, em abundância, demasiado, -ão, -arra, -aréu, -aço, -ada, -udo, -aria, -eiro, -oso, -dor, mega-, -imo, -íssimo, -érrimo, -ésimo, ultra-, super(-), hiper-, sobre- etc.	(1) [...] foi condenado pela Justiça de Limeira por **superfaturar** cestas básicas em 2002... chegando mesmo a **ultrapassar** o total proposto... (2) [...] de perfil igualmente **rechonchudo**, o **bigodão** espesso e o jeito absurdamente **bonachão**...
Enfático	definitivamente, um verdadeiro, em hipótese alguma, de jeito nenhum, simplesmente, literalmente, realmente etc.	(1) [...] e os que **precisam realmente** que se lixem... (2) [...] *ninguém* **mexe mais** com ela **de jeito nenhum**...
Atenuante	não... muito, não... demais, não... tão, nem tanto etc.	(1) A parede em frente à porta tem uma janela **não muito grande**. (2) No dia seguinte eu estava **nervosa** e ela **nem tanto**.
Normal/Médio	tamanho, altura, proporção, extensão, quantidade, duração, situação nível ou status/posição considerado(a) mediano(a) ou normal/suficiente.	(1) [...] tem muitas coisas que eu gosto... tem uma cor **bonita**... é **azul**... tem **janela**... (2) [...] aí depois **chorei**... **fiquei triste**... depois fiquei **com**... **saudade** dele...
Aproximativo	aproximadamente, relativamente, cerca de, praticamente, quase, mais ou menos, meio, uns, um pouco etc.	(1) [...] logo **ficando quase que escuro** por completo... (2) [...] é **praticamente impossível** uma pessoa viver... pô... com salário mínimo...

Diminutivo/ Reduzido direção para menos	pequeno, baixo, pouco, escasso, menos, breve, curto, estreito, fino, magro, muito/ bem menos/pouco, inferior, menor, abaixo de, sub-, infra-, mini-, micro-, -inho, -ito, -ete, -eta, -ote, -ola ect.	(1) O LP ou disco de vinil... possuía **microrranhuras**... (2) [...] isso além de ficarem em condições **sub-humanas**...
Mínimo	o mínimo, o menor, o menos, ínfimo etc.	(1) [...] o ruído dos alunos foi **mínimo** e dos carros também.
Zero/Neutro ausência de gradualidade	Noção impossível/improvável de ser graduada, não sujeita a escalonamento.	(1) [...] tenho uma irmã que é secretária **bilíngue**... (2) Ficamos num jardim **lateral**...

Vale esclarecer que, entre uma instância e outra ou dentro de uma mesma instância dessa escala, pode haver variação de gradiência não precisamente delimitável. Assim, formas consideradas nos compêndios tradicionais como nocionalmente similares diferenciam-se nitidamente quando confrontadas em certos contextos de uso.

É o caso, por exemplo, dos sufixos *-íssimo* e *-érrimo/-ésimo* em "[...] é uma invenção caipira do **caipiríssimo** José Aparecido de Oliveira, por sua vez cupincha do **caipirésimo** Itamar Franco" (SABINO, M. *Veja*, 24 jul. 1996); o sufixo *-ésimo* sinaliza maior ênfase intensiva do que *-íssimo* em relação ao adjetivo *caipira*. Também é o caso dos prefixos *super-* e *hiper-* em "**Superocupada**, mas **hiperconectada** com os filhos" (ZAIDAN, P. *Cláudia*, jun. 2004, p. 82), que revelam igual elevação intensiva entre um e outro: o segundo, *hiperconectada*, é conceitualizado como sendo mais intenso do que o anterior, *superocupada*.

Croft e Cruse (2004) observam que muitas noções relacionadas à escalaridade do grau podem ser tomadas em termos precisamente quantificados ou mensurados. Uma amostra disso vemos, por exemplo, em "[...] minha irmã, **dois anos mais**

nova do que eu" (*Corpus D&G/RG*, p. 20), na qual a graduação comparativa *mais nova* encontra-se especificamente quantificada (*dois anos*).

Contudo, a expressão de quantidade exata pode ser enganosa, como em "[...] tem uma mesinha do lado da minha cama... que fica telefone... porta-retra/***milhões de porta-retratos***..." (*Corpus D&G/RJ*, p. 23). Nesse caso, a quantificação *milhões* não exprime valor quantitativo exato; trata-se antes de um recurso hiperbólico-intensivo para significar a *quantidade excessiva de porta-retratos*.

Cabe ressaltar ainda que o grau deve ser, ao menos em parte, desvinculado das categorias linguísticas com as quais se articula (CROFT e CRUSE, 2004). Um dos problemas no tratamento do grau reside no fato de este ser diretamente relacionado às classes lexicais substantivo, adjetivo, advérbio e, mais raramente, verbo. Desse modo, desloca-se esse fenômeno dos domínios da cognição e da interação discursiva para reduzi-lo a uma questão de mera expressão verbal com suas características "semânticas" e formais definidas *a priori*. Nessa perspectiva tradicional, o que se gradua não é propriamente um dado conteúdo conceitual, mas uma categoria linguística.

Afastando-nos desse enfoque, propomos separar, parcialmente, a atribuição de grau da categoria lexical que a codifica. Isso porque existe farta evidência de conteúdos graduados para os quais se utiliza uma dada classe lexical (substantivo, por exemplo), porém isso reside apenas na aparência das palavras, pois, na verdade, o que se gradua é a noção que está por trás da classe lexical que a realiza. Tanto é que a mesma noção poderia ser codificada por meio de uma forma de natureza lexical distinta. Visto assim, o grau não é do substantivo ou de qualquer outra categoria linguística, mas de uma determinada noção conceitual, que será configurada segundo as condições/pressões do contexto de uso. Vamos às evidências:

> (17) [...] aí a situação é **muito comédia**... (*Corpus D&G/RJ*, p. 22)
>
> (18) [...] [o quarto] É **bem minha cara, mesmo**. (*Corpus D&G/ RJ*, p. 44)

Nesses trechos, apesar de termos aparentemente intensificação de substantivos (*comédia* e *cara*), não é exatamente a classe lexical que está sendo graduada, mas a conceitualização subjacente em cada uma dessas palavras. Assim, em 17, *comédia* equivale mais ou menos a *engraçada/hilariante*; em 18, *minha cara* quer dizer *parecido comigo*. Portanto, o que é realmente graduado nesses casos não são entidades referenciais substantivas, mas atributos (mais frequentemente codificados através da categoria adjetivo), os quais nesses exemplos aparecem substantivados.

Mais surpreendentes e inovadoras são as amostras do excerto textual a seguir:

> (19) **Betíssima** *Almeida*, linda! Linda! Linda! [...] Henrique Fonseca e **Terezérrima**, [...] Fazendo caras, bocas — todo boa gente, o **deputadézimo**-*secretário* Iberê Ferreira de Souza. (SABOYA, C. de. *Diário de Natal*, 9 out. 2004, p. 1)

Nesses casos, nomes próprios aparecem intensificados com marcas sufixais típicas dos adjetivos e associados a conteúdos que, em termos lógicos, não admitem alteração intensiva. Na verdade, por meio deles, o que o locutor deseja é enaltecer/supervalorizar as pessoas mesmas e suas respectivas qualidades, e não os substantivos em si. Cabe assinalar ainda a importância do gênero discursivo em que essas amostras se encontram (coluna social), o qual pode ser considerado um contexto favorecedor de tais inovações, sendo estas fortemente amparadas por fatores pragmáticos.

Essas constatações corroboram o que já foi afirmado quanto à não discretude das categorias linguísticas, conforme defendida pela LFCU. Significa que, no uso linguístico, formas convencionalmente participantes de uma dada classe podem ser convocadas, de modo criativo e inusitado, a atuarem com características e funções próprias de outra, isso motivado por contingências da interação verbal.

Por outro lado, vale observar que existe uma tendência em estabelecer certa relação entre o que se quer graduar e a classe lexical a que tal noção se vincula. Dito de outro modo: os falantes, ao graduarem uma certa noção, tendem a "optar", convencionalmente, por determinada categoria linguística. Nesse sentido, por exemplo, o grau dimensivo relaciona-se mais diretamente a substantivos que descrevem referentes percebidos como possuidores de dimensões físicas, como tamanho, extensão, altura, profundidade, diâmetro, largura etc.

Também devemos admitir que a categoria linguística parece impor certas restrições, no sentido de selecionar determinadas formas de expressão intensiva que podem ou não acompanhar tal categoria. Uma evidência disso, por exemplo, é o fato de *o(a) maior* e *aquele* só ocorrer com substantivos.

Porém, não é a classe lexical que designa o referente (o substantivo) e nem mesmo a classe lexical que designa a propriedade atribuída ao referente (o adjetivo) que são graduados, mas a conceitualização do estado de coisas envolvido na situação descrita linguisticamente.

3.2.4 A base comparativa do grau

A ação comparativa é fundamental na construção conceitual da gradualidade. Essa mesma posição é compartilhada por autores como Quirk e Greenbaum (1979), Fonseca (1985), Taylor (1992), Heine (1997), Flores (2004). Antes destes, Ribeiro (1956, p. 336) já argumentava que "De feito, a ideia mesma de grau ou degrau não se apresenta a nosso espírito, senão como resultado de uma comparação; *há, pois, comparação em todos os graus* [...]" [grifos nossos]

Significa que, na atribuição de grau, parte-se de uma determinada noção tomada como ponto de referência, seja ela vista como neutra, normal ou até mesmo já graduada. Assim, para que algo seja conceitualizado, por exemplo, como *casarão, bastante salgado, mais feio, quantia mínima, superlotado, baixo padrão, bem cedinho, beber demasiadamente* etc., é necessário que haja outro elemento ou situação que lhe sirva de parâmetro, ao/à qual se assemelha ou de que se distingue quanto a determinado padrão ou norma fixado(a) subjetivamente ou por alguma convenção sociocultural. Dependendo da perspectiva adotada e da intenção discursiva em jogo, tal operação comparativa pode ser expressa, citando-se o ponto de referência através de uma construção comparativa prototípica, ou não (demais codificações de grau em que se omite o elemento comparante).

Portanto, o conceito de grau fundamenta-se no confronto em relação a uma base referencial (noção comparante) via determinados critérios de julgamento. Em outras palavras, o grau se estabelece comparativamente entre noções que são reputadas como semelhantes ou distintas, ainda que essa comparação não se efetive verbalmente.

Tal perspectiva conduz ao abandono da clássica distinção entre o grau *comparativo* e o *superlativo*, preferindo-se em lugar disso a adoção das noções de *comparação explícita* (com o comparante expresso — base da comparação/ponto de referência) e *comparação implícita* (estando o comparante apenas pressuposto, o que permite inferir-se a comparatividade). Tais fenômenos podem ser demonstrados na exemplificação a seguir.

3.2.4.1 Comparação explícita

(20) [...] cada máscara era **mais horrível do que a outra**... (*Corpus D&G/Natal*, p. 43)

(21) [...] mas ô rapaz tímido... tímido demais... **mais tímido do que eu**... (*Corpus D&G/Natal*, p. 339)

Nessas amostras, vemos, além dos conteúdos graduados *mais horrível* (em 20) e *mais tímido* (em 21), seus respectivos pontos de referência expressamente citados: *a outra* e *eu*. Assim, nessa forma de conceitualização do grau, expõem-se tanto o conteúdo graduado/comparado como a base de ancoragem dessa graduação/comparação — o elemento comparante.

3.2.4.2 Comparação implícita

(22) [...] a sala é **o maior** e **o mais ventilado** cômodo da casa... (*Corpus D&G/Natal*, p. 385)

(23) [...] tem mês né... que **chove mais**... tem mês que **chove menos**... (*Corpus D&G/Natal*, p. 81)

Nesses dados, a identificação do termo comparante é decorrente de um processo inferencial, licenciado por determinadas pistas textuais: em 22, podemos pressupor que existem outros cômodos na casa, provavelmente também espaçosos e ventilados; em 23, inferimos que a quantidade e/ou a intensidade das chuvas baseia(m)-se na comparação de sua ocorrência com outro(s) mês(es) do ano.

Em relação a isso, cabe assinalar que, na ação comparativa, em alguns casos, ocorre uma espécie de (sub)categorização conceitual do conteúdo graduado. Noutras palavras: em determinadas atribuições graduais, a noção sob tais circunstâncias é (re)posicionada em outra (sub)categoria distinta.

Assim, coerente com um dos postulados da LFCU, conforme defendido em Lakoff e Johnson (1999), é possível afirmar que, em certos casos, existe forte relação entre atribuição de grau e (sub)categorização conceitual. As amostras a seguir podem ilustrar esse fenômeno.

(24) Com a absolvição de Renan [Calheiros], o *sangramento* pode evoluir para **hemorragia**... (PETRY, A. Nas mãos do PT. *Veja*, 12 set. 2007, p. 66)

(25) Quando estávamos indo para a festa começou a *chover muito, tipo* **temporal** *mesmo*, e como éramos um número de 15 pessoas resolvemos ir juntos, todos de ônibus. (*Corpus D&G/RJ*, p. 66)

Em 24, deixando-se de lado considerações sobre o recurso à figuratividade em *sangramento* e *hemorragia*, cabe observar a alteração categorial entre esses dois conceitos, em que o segundo é nitidamente intensificado em relação ao primeiro, sendo isso confirmado pelo uso do termo *evoluir*. Nesse caso, apesar de os dois conceitos pertencerem a uma mesma categoria superordenada — *derramamento/perda de sangue* —, ambos são vistos como distintos e, portanto, colocados em pontos categoriais diferentes, uma vez que *hemorragia* inclui a ideia de *abundância/intensidade* da perda de sangue, noção que não faz parte necessariamente de *sangramento*.

Em 25, *chover muito* é (re)definido/categorizado como *temporal*. Para reforçar essa ideia, o escrevente recorre ao sinalizador categorial *tipo* e ao elemento enfático *mesmo*. Desse modo, demonstra que *temporal* é uma outra espécie de *chuva fora do normal*, isto é, uma *chuva mais forte, com maior volume de água*.

Essas ocorrências atestam que, em certos casos, a graduação de um conteúdo afeta sua identidade conceitual, podendo transportá-lo para um outro nível/domínio categorial (*sangramento* < *hemorragia*; *chuva* < *temporal*). Nesses termos, graduar pode constituir uma operação de (re)definição e (re)alinhamento categorial de uma dada noção, entendida como possuidora de alguma(s) propriedade(s) semântica(s) que a distingue(m) de outra(s) da mesma base conceitual, em razão de se ter deslocado (elevando ou reduzindo) sua concepção nocional.

3.2.5 Projeções metafóricas e/ou metonímicas em noções graduais

Uma quantidade considerável de usos do grau está relacionada a transferências conceituais de domínios ancorados na experiência objetiva para o domínio de conteúdos mais abstratos e subjetivos (LAKOFF e JOHNSON, 1999). Desses processos, os mais comuns são as operações metafóricas e as metonímicas.

Cabe esclarecer que esses processos parecem ser extensivos à conceitualização dos graus quantitativo, intensivo, hierárquico, avaliativo e afetivo, não se aplicando, portanto, ao grau dimensivo. Isso, muito provavelmente, pelo fato de esse tipo de grau incidir conceitualmente sobre noções relacionadas a conteúdos vistos como mais "concretos".

Nesse sentido, muitos conceitos graduais têm sua origem na percepção sensório-motora resultante de nossas experiências com o mundo físico e sociocultural, conforme já afirmado anteriormente. Explicando: os recursos lexicais e tantas outras estratégias morfológicas e/ou sintáticas de acréscimo estrutural, o alongamento silábico, a ênfase sonora e demais manifestações acústicas representam, na verdade, uma tentativa de reflexo simbólico dos conceitos básicos de *quantidade*, *tamanho/dimensão*, *peso/força*, *localização* e *estados/sensações biofísicos(as)* ou *psicoafetivos(as)* e também daqueles derivados de algo reputado como possuidor de um certo grau de *valor/desvalor*, oriundos da relação corporal do indivíduo com o espaço, seres, objetos, eventos e/ou situações com que está/esteve em contato.

Assim, pode-se admitir que diversos processos graduadores derivam, em geral, do estabelecimento da relação cognitiva (metafórica e/ou metonímica) que se faz entre esses conceitos de natureza mais abstrata e aqueles de acepção mais "concreta", adquirida através de experiências sensoriais, emotivas e intersociais. No caso específico do português — mas não menos em outras línguas, conforme demonstra Silva (2009) —, uma quantidade considerável de formas graduadoras emerge diretamente dessas conceitualizações básicas.

3.2.5.1 A metáfora de quantidade como recurso graduador

Dentre todas as manifestações de grau, a que parece ser mais comum é a que tem como base a projeção metafórica do conceito de *quantidade*. Nesse sentido, o esquema cognitivo

fundamental desse conceito pode ser expresso nos termos IN-
TENSIDADE É QUANTIDADE (LAKOFF e JOHNSON, 1999),
em que, mediante projeção conceitual, a noção de um domínio
de base mais concreta (a *quantidade*) é mapeada em outro mais
abstrato (a *intensidade*).

Pode-se depreender tal fato pela imensa variedade de línguas em que, para se exprimir o conceito intensivo, recorre-se exatamente ao mesmo termo utilizado para designar noções quantitativas, tais como *muito*, *bastante*, *mais* ou *demais* (SILVA, 2009). Há casos em que, mesmo não se preservando a mesma forma linguística, recorre-se a termos lexicalmente aparentados, sinalizando a permanência da relação conceitual básica.

Evidências disso são, por exemplo, o que temos em português entre as palavras *tão/tanto* e *quão/quanto*, em que os primeiros itens de cada par (*tão* e *quão*), designativos de *intensidade*, possuem a mesma base lexical de seus respectivos pares (*tanto* e *quanto*), indicadores de *quantidade* e de *intensidade*; aqueles, acompanhantes de noções adjetivas ou adverbiais, e estes, extensivos a todas as noções expressas lexicalmente. Há também o caso de *mais* (originado de *magis*), que tem a mesma raiz de *magno* (*grande*), isto é, *mag-*. Nele, observamos a íntima relação entre as noções de *tamanho* e *quantidade*. Quer dizer, o que é numeroso/abundante é também percebido como de maior dimensão/massa material. Isso parece apontar igualmente para o que afirma Taylor (1992) quanto à relação metonímica de causa e efeito entre quantidade e verticalidade. Vejamos estas ocorrências:

(26) [...] e entra **muita** gente também... e numa dessa... numa dessas levas de entra e sai... entrou uma garota **muito** bonita... (Corpus D&G/Natal, p. 105)

(27) Resultado **mais** efetivo *ainda* traria o anúncio de que o capturado fora o próprio Saddam... [...] Uma *mentira a* **mais**, uma a menos, não faz diferença. (TOLEDO, R. P. de. Entre sósias e sombras. *Veja*, 10 set. 2003, p. 134)

Em 26, a primeira menção de *muita*, relacionada a *gente*, remete a quantidade contável, de base concreta; já a segunda, em *muito bonita*, tal termo confere intensidade a esse atributo, o que demonstra sua aplicação numa esfera mais abstrata. Em 27, o primeiro *mais*, reforçado por *ainda*, designa a intensificação de *efetivo*, enquanto o segundo denota quantidade em relação a *mentira*. Portanto, através desses casos, podemos constatar o mapeamento de quantidade numérica, em termos metafóricos, no domínio da intensificação.

Devem ainda ser incluídos aqui os sufixos *-ada*, *-(a)ria* e *-eiro/a*, nos quais se manifesta a ideia de *quantidade excessiva/ acúmulo*, cujos respectivos conceitos são construídos a partir do que é quantitativamente perceptível. Tais conceitos podem ser encontrados, por exemplo, no caso de *-ada*, em *papel**ada**, filhar**ada**, gole**ada***; no caso de *-(a)ria*, em *sapat**aria**, pad**aria**, infant**aria***; no caso de *-eiro(a)*, em *aguac**eiro**, lamac**eiro**, buraqu**eira***, os quais exibem maior "concretude" por serem apreendidos através da observação físico-perceptível.

Essa noção "concreta" é transferida para significar aquilo que nos parece além do seu estado entendido como normal. Entre os diversos exemplos, pode-se apontar, para *-ada*, *cipo**ada**, paul**ada**, ris**ada***; para *-(a)ria*, *corre**ria**, grit**aria**, pancad**aria***; para *-eiro(a)*, *fofoqu**eiro**, trabalh**eira**, roubalh**eira***, todos eles significando *ação enérgica/intensa* e/ou *excesso*, em termos mais abstratos. Vejamos os casos a seguir, em que o primeiro uso de *-eira* tem noção quantitativa; no segundo, o mesmo sufixo é metaforizado como intensidade:

(28) [...] outra alternativa, que não exige nem ação firme de Lula nem *discurseira* inútil: revogar a emenda da reeleição... mas não resolve nada para a sociedade, que ainda quer, quererá sempre, uma faxina ética em que a *sujeira* salta aos olhos. (PETRY, A. Qual a salvação? *Veja*, 13 jul. 2005, p. 96)

Tais amostras reafirmam o caráter metafórico da noção intensiva em sua relação com o conceito básico mais "concreto" de quantidade. Esse mapeamento metafórico parece ser o mais produtivo e fundante, a provar pela sua enorme recorrência discursiva.

3.2.5.2 A noção gradual derivada do conceito de tamanho/dimensão

Invocando a argumentação de Taylor (1992), confirmada em Lakoff e Johnson (1999) e em Croft e Cruse (2004), em favor da relação entre metáfora e metonímia, sendo esta entendida como mais fundamental e determinante para aquela, levantamos a hipótese de que na relação entre intensidade e tamanho/dimensão, possivelmente, haja, em primeiro lugar, uma operação metonímica entre quantidade e tamanho. Isso porque, em nossa percepção objetiva, o tamanho de uma determinada entidade depende da quantidade de substância/massa material que a constitui. Sendo assim, dimensão/proporção/altura/extensão física são resultantes naturais, de acordo com nossa percepção, do acréscimo ou da redução quantitativo(a) de seu(s) componente(s) massivo(s).

Aliás, não é incomum flagrarmos a estreita relação entre quantidade e dimensão. Quanto a isso, são abundantes as ocorrências em que a noção quantitativa é designada por meio de termos/expressões cujo conteúdo vincula-se à ideia de tamanho/dimensão. Como ilustração, apresentamos estes excertos textuais:

(29) [...] *a produtividade* do bando era muito **maior,** ou seja, todo mundo tinha **mais** *carne* para comer,... (*Veja*, 8 jun. 2005, p. 75)

(30) Gastar *um* **dinheirão** com telefonia local só tem graça quando não é na sua empresa.
Lig Local da Intelig Telecom... (*Veja*, 18 maio 2005, p. 95)

O fragmento textual 29 exprime o conceito quantitativo relacionado ao aumento da *produtividade* em termos de tamanho (*maior*). Isso é explicitado no próprio trecho quando se esclarece mais adiante que tal fato tem a ver com *mais carne*. Em 30, o sufixo *-ão* em *dinheiro* remete à quantidade exagerada de valor monetário, que, nesse caso, aparece conceitualizada em termos de tamanho aumentativo.

Essas evidências nos levam a admitir que o domínio de tamanho/dimensão (*maior*) é mapeado no de quantidade (*mais*); em outras palavras, MAIS É MAIOR (o contrário MENOS É MENOR também é verdadeiro), que, de modo mais específico, representa o esquema básico mais geral QUANTIDADE É TAMANHO/DIMENSÃO. Nesse sentido, não é de se estranhar a base lexical comum, ao menos no latim, entre *mais* e *grande/ maior* (*magis*) — apontada no item anterior — e entre *menos* e *menor* (*minus*).

Portanto, quando se diz que algo é grande ou pequeno, largo ou estreito, alto ou baixo, espesso ou fino etc., subjaz aí, indiretamente, a noção quantitativa, numa relação causa-efeito, por isso mesmo, metonímica. Nesse sentido, o conceito metafórico intensivo que reflete o esquema INTENSIDADE É

TAMANHO/DIMENSÃO (no qual o domínio-fonte da dimensão física, de base mais concreta, é mapeado no domínio-alvo mais abstrato da intensificação) tem como fundamento primitivo, pelas evidências apresentadas, a relação metonímica de causa-efeito entre quantidade e dimensão. Assim, implicitamente, ainda se mantém o vínculo conceitual entre quantidade e intensidade, no sentido de que *o que é mais/menos* é também, como consequência natural, *maior/menor*.

Essa relação contígua *quantidade = dimensão* licencia a relação analógica *dimensão = intensidade*. Quer dizer, se quantidade é conceitualizada como tamanho/dimensão e é igualmente mapeada no domínio da intensificação, então o conceito de tamanho/dimensão pode também ser transferido para significar intensidade, mais ou menos como no esquema matemático: se $A = B$ e $= C$, logo $B = C$.

A transposição do conceito de tamanho/dimensão para o domínio da intensificação pode ser também observada no uso de afixos. Na prefixação, há os casos de *mega-*, *macro-*, *maxi-*, *mini-* e *micro-*. Quanto à sufixação, temos, entre os mais comuns, *-ão*, *-aço*, *-udo*, de noção aumentativa/ascendente, e *-inho*, com ideia diminutiva/decrescente. Vejamos, ainda, estas amostras:

(31) A captura de um sósia do ex-ditador [Saddam Hussein], de perfil igualmente rechonchudo, *o bigodão espesso* e *o jeito absurdamente bonachão*, para alguém com as mãos tão manchadas de sangue, [...] (TOLEDO, R. P. de. Entre sósias e sombras. *Veja*, 10 set. 2003, p. 122)

(32) [...] ela [a cidade de Espírito Santo/RN] se localiza próximo a Goianinha... nessa região Oeste... é *uma cidadezinha pequenininha*... poucos habitantes... (*Corpus D&G/Natal*, p. 80)

No fragmento 31, o sufixo *-ão*, em *bigodão*, relaciona-se às proporções físicas do *bigode*, ou seja, um *bigode grande e espesso*; na segunda referência, *bonachão*, possui uma acepção mais abstrata, significando a intensidade do qualificativo *bom*. Quanto ao sufixo *-inha*, no excerto 32, a primeira menção (*cidadezinha*) designa o *tamanho diminuto da cidade*, portanto de conteúdo mais "concreto"; no entanto, ligado ao atributo *pequenininha*, funciona nesse contexto como elemento de *maior ênfase intensiva*, uma vez que o termo *cidade* já se encontra graduado para menos e acompanhado pelo reforço adjetival, cuja base léxica comporta também a ideia de graduação descendente.

Vale notar ainda que o sufixo *-ão* com ideia intensiva tende a se combinar mais com lexemas que possuem *valor positivo* ou com *noção conceitual para mais*, como em *bonit**ão***, *fort**ão***, *grand**ão*** etc.; pode também, além disso, denotar *desprestígio exagerado* (*bob**ão***, *bund**ão***, *grandalh**ão*** e outros). No caso de *-inho*, este, por seu conteúdo designativo de *pequenez*, como elemento intensificador, aparece mais associado a palavras cuja noção indica *direção para menos*, reforçando-lhe a ideia diminutiva, tal como em *pequenin**inho***, *ced**inho***, *agor**inha*** etc.; também, por extensão metafórica, presta-se à atribuição de valor atenuante ou depreciativo, conforme se vê em *bonit**inho***, *crescid**inho***, *gent**inha*** e similares.

Também devem ser incluídos nessa lista o sufixo de valor diminutivo *-eco(a)*, presente, por exemplo, em *bot**eco*** (indicando tamanho diminuto), *son**eca*** (*sono rápido e de pouca intensidade*). Essa noção provavelmente ensejou a metáfora depreciativa encontrada em palavras como *film**eco***, *jornal**eco***, entre outras. O sufixo *-i(s)co*, como em *burr**ico***, *rab**isco***, por exemplo, estendido metaforicamente para designar *menos intensidade*, conforme se nota em *namor**ico***, *chuv**isco***; e *-ito*, tal como se encontra em *cabr**ito***, *meteor**ito***, empregado mais abstratamente em *model**ito*** (= modelo mais simples/modesto).

Há ainda o caso de *-ete(a)*, que provém igualmente da noção "+concreta" de *tamanho pequeno*, como encontrada em palavras do tipo *caminhon**ete*** e *disqu**ete*** ou *sal**eta*** e *var**eta***. Esse mesmo sufixo pode também exprimir, por mapeamento metafórico, *pequenez abstrata*, como em *lembr**ete***, prestando-se também à expressão de intensidade desqualificadora, tal como se pode ver nesta amostra:

(33) "Só nesta *republiqu**eta*** [Brasil] um ministro se presta a participar de reuniões na calada da noite e continua no cargo" (SILVA JR., P. C. da. *Veja*, 7 jun. 2006, p. 38).

O mesmo também é válido para o sufixo *-ote*, cuja designação de algo *pequeno* é transferida para se aplicar à noção mais abstrata de *pequenez* ou de *inferioridade*. Isso pode ser atestado, por exemplo, em vocábulos como *caix**ote***, *sai**ote***, *filh**ote***, *frac**ote***. O interessante no caso de *filhote* é que nele parece misturarem-se tanto a ideia de *tamanho* ("+concreta") como a de *pouca idade* (+abstrata).

Essas evidências reforçam o argumento em favor do mapeamento metafórico entre a noção "+objetiva" de tamanho físico e o conceito +abstrato de intensidade. Tal relação mostra-se produtiva não apenas através dos itens lexicais que podem exprimir uma noção ou outra, mas também por meio da afixação, cujos conteúdos transitam do mesmo modo entre uma acepção dimensiva mais tangível e uma projeção mais abstrata desta com valor intensivo.

Quanto a isso, merece ser citado o caso do recurso intensificador/valorativo em que se utiliza a expressão *um(a) senhor(a)*.

Provavelmente, o motivo de essa expressão designar um conceito intensivo resulta do fato de alguém ser chamado de *senhor(a)* e isso associar-se à ideia de este(a) ser mais velho(a)/adulto(a), geralmente possuir maior tamanho físico, exercer certo poder e, assim, impor tratamento respeitoso. Portanto, é lícito conjecturar que essas inter-relações conceituais podem funcionar como motivação para o uso dessa construção como metáfora intensiva, tendo sua produtividade favorecida, como nos demais casos, pela inferenciação pragmática (TRAUGOTT, 2011). Vejamos estes dados:

(34) [...] tem ali... mais ou menos ali na Praia dos Artistas... **uma senhora** mansão... (*Corpus D&G/Natal*, p. 126)

(35) [...] aí a gente voltou... mas foi **uma senhora** experiência... (*Corpus D&G/RJ*, p. 33)

Na primeira amostra (34), *uma senhora* aponta metaforicamente para o exagero na descrição e/ou avaliação das dimensões/características físicas da *mansão*. Na segunda (35), tal expressão aponta para o sentido de uma *experiência intensamente emocionante*. Assim, nessas ocorrências, essa expressão atua como forma intensificadora/valorativa dos conteúdos lexicais com que se relaciona.

3.2.5.3 A conceitualização de peso/força extensiva à noção de intensidade

Seguindo a mesma linha de raciocínio esboçada no item anterior quanto à estreita relação conceitual entre quantidade e tamanho, em termos metonímicos, e suas respectivas projeções metafóricas na conceitualização do grau intensivo, assumimos que a metáfora de *peso/força* presente em algumas noções intensivas, muito provavelmente constrói-se nesses mesmos moldes/esquemas. Isso porque, considerando o que apreendemos pela experiência em situações reais, do mesmo modo que associamos mais/menos substância material (noção quantitativa) à consequente alteração no tamanho dos seres ou coisas, também estabelecemos igual relação contígua entre a dimensão física destes(as) e o fato de nos parecerem menos ou mais pesados e/ou poderem exercer/demandar menor ou maior força (Lakoff e Johnson, 2002). Tal relação nos permite exprimir o conceito intensivo em termos do que é *pesado*, *forte*, *poderoso* e assim por diante, cujo esquema cognitivo básico pode ser representado como INTENSIDADE É PESO/FORÇA.

Focalizada sob esse ângulo, faz sentido encontrarmos muitas noções intensivas expressas por palavras como *pesado*, *forte*, *reforçado*, *poderoso*, *potente*, *imponente*, *vigoroso*, *rigoroso*, *intenso*, entre tantas outras que se associam a esse conceito. Isso se revela ainda nos casos em que o falante imprime maior "peso" sonoro a um item cujo significado deseja intensificar. Vejamos como isso se manifesta nos casos a seguir:

(36) Seu carro não leva a bike? Acorda.
Seu carro não leva a prancha? Acorda.
Seu carro não leva o cachorro? Acorda.
*Sono **pesado** esse seu, hein?*
Tá na hora de você acordar para o Honda Fit.
(*Quatro Rodas*, abr. 2005, p. 104)

(37) [...] era uma... uma... *uma **forte** tempestade... uma chuva **forte**...* e eu tava do lado da janela na asa do avião... e... e pra mim era *uma coisa muito **forte*** porque meu pai tinha muito medo de avião... e... um pouco desse medo transferiu-se pra mim... (*Corpus D&G/Natal*, p. 95)

Em relação ao texto 36, *pesado* não se refere à ideia de *peso* material, sendo, em vez disso, uma atribuição metafórica à intensidade do *sono*. Uma explicação para se conceitualizar metaforicamente essa intensidade em termos de *peso* pode ser o fato de que, quando estamos *extremamente sonolentos, é como se isso fosse um peso* que se impõe irresistivelmente sobre nós e nos domina. Nesse sentido, estabelece-se uma operação nocionalmente comparativa entre *algo tão pesado* a ponto de não podermos suportar e o *sono intenso*, que exerce seu "peso" de forma irresistível.

Quanto ao fragmento textual 37, a ideia de *força* relacionada a *tempestade/chuva* tem a ver com a *intensidade* desta. Isso significa que, dado o grande volume de água que cai numa chuva assim classificada, em geral acompanhada de ventos e trovões (daí ser também vista como *tempestade*), do ponto de vista natural consideramos que tal volume possui *força*, podendo, inclusive, vir a causar estragos e prejuízos. Assim, dada a associação analógica que é feita entre algo volumoso, forte e imponente e uma chuva de tal magnitude e potência, pode-se falar em *forte tempestade/chuva forte*.

Na última referência, relacionada a *uma coisa* (*i.e.*, *sensação/ medo*), *forte* possui acepção ainda mais abstrata por vincular-se a um estado psicológico. Nesse contexto, equivale a algo como *uma sensação/um medo muito intensa*(*o*). Vemos aqui, mais uma vez, o estabelecimento de afinidade entre *tamanho/proporção, força/poder* e a transposição metafórica desses conceitos para o domínio abstrato da noção *intensiva*, em virtude de serem conceitualizados como ideacionalmente similares/aparentados.

Ainda a respeito da correspondência entre a acepção mais concreta de *peso/força* e sua transposição metafórica para o conceito de *intensidade*, vale observar o que foi levantado anteriormente quanto à possível relação entre isso e a tonicidade silábica. Os exemplos a seguir, captados em Gonçalves (2003), são uma evidência dessa relação em que os locutores imprimem peso/força sonoro(a) ao componente verbal cujo conceito desejam intensificar.

(38) [...] a Dona Dalva fez ontem uma *carne assada gos-***TOOOOO***sa...* (p. 48)
(39) Adoro ele [Thiago Lacerda], que *ele* é lindo demais, que é **GA-TÉ-SI-MO**! (p. 50)

Examinando-se esses dados, vemos que neles combina-se mais de uma forma expressiva de manifestação do conceito intensivo. Em 38, coatuam o alongamento silábico e o reforço acústico. Nesse caso, parece haver a interação entre as noções de *quantidade* (mais material sonoro), *tamanho* (forma mais extensa/maior duração sonora) e *peso* (força sonora acentuada), colaborando na formulação metafórico-icônica da *ideia intensiva*. Em 39, temos, além da silabação e da ênfase fônica, o sufixo intensificador -*ésimo*, que também é marcado pela tonicidade acústica, numa espécie de reforço intensivo adicional.

Assim, vemos mais uma vez a superposição de componentes verbais, na qual se (con)fundem quantidade, tamanho e peso/força, resultando em mais/maior volume e carga formal, numa tentativa de estabelecer uma associação conceitual entre tais recursos e a intensificação. Temos, desse modo, uma espécie de cadeia/sequência associativa de causa e efeito, de natureza metonímica, que poderia ser esquematizada, mais ou menos, como *quantidade* ⇒ *tamanho* ⇒ *peso*. Portanto, não é difícil concluir que tal associação licencia a formulação do conceito intensivo, em termos de extensão metafórica, a partir de qualquer uma dessas noções, sendo a primeira delas (*quantidade*), ao que tudo indica, o apoio basilar para a construção das demais.

A associação metonímico-metafórica entre quantidade e intensidade, em termos do conceito de *peso*, pode ser demonstrada de modo mais transparente no trecho que segue:

> (40) [...] a top gaúcha [Ana Hickmann] tira proveito do auge e
> *investe **pesado*** para transformar seu nome numa grife de
> luxo. (ANGELI, A. *Cláudia*, jun. 2004, p. 144)

Veja-se que, *investir pesado*, nesse caso, pode ser interpretado como *fazer um investimento numa quantidade considerável, no que se refere a valores financeiros*. Portanto, a relação causa-efeito entre o que é mais quantitativo/numeroso e seu acentuado peso correspondente viabiliza a transferência conceitual para o plano intensivo, resultando na metáfora em termos do que é *pesado* para designar algo *intenso*. Essa relação poderia traduzir-se através do seguinte cálculo lógico: se *quantidade* (Q) associa-se por contiguidade a *peso* (P) e, comparativamente, à *intensificação* (I), isso nos permite deduzir que esta pode também ser associada à ideia de peso. Quer dizer, se (Q) implica (P) e pode igualmente designar (I), então é plausível conjecturar que (I) possa ser conceitualizada em termos de (P).

3.2.5.4 A ideia de grau oriunda do conceito de localização

O conceito de *localização* (vertical ou horizontal) aplicado metaforicamente à ideia intensiva dá-se devido à relação daquele com a percepção que temos não apenas quanto à posição superior/inferior, além/aquém dos seres e coisas no mundo, mas também com o fato de estes(as) se situarem num ponto considerado máximo ou além de um limite tomado como "normal". Nesse sentido, defendemos a hipótese de que tal conceitualização associa-se ao mesmo tempo aos esquemas cognitivo-perceptuais mais básicos de *recipiente* ("*conteiner*", nas palavras de LAKOFF e JOHNSON, 1999) e de *quantidade* mensurável. Isso porque, no caso da intensificação, em diversos contextos, esta é expressa por palavras ou expressões do tipo *alto, elevado, profundo* (relativos à verticalidade), *avançado, extremo, pra lá de* (vinculados à horizontalidade) e tantas outras. Em vista desses fatos, podemos afirmar que o esquema sintetizador dessa relação pode ser expresso nos termos INTENSIDADE É LOCALIZAÇÃO (de orientação vertical ou horizontal). Ilustramos isso citando os seguintes extratos textuais:

(41) Ele [o presidente Lula] passou a *acreditar em si mesmo* muito **além** *do que seria razoável*. (TOLEDO, R. P. de. Nhô Lula e a tentativa do último milagre. *Veja*, 13 jul. 2005, p. 134)

(42) Apesar do *eleitorado feminino* ser **infinitamente** *maior*, nenhuma mulher assumirá no próximo ano uma cadeira na Câmara. O que é **profundamente** lamentável. (SABOYA, C. de. *Diário de Natal*, 9 out. 2004, p. 3)

Em 41, o termo *além*, cujo conceito já se encontra intensificado por *muito*, não denota *lugar adiante/localização fora do limite* em termos objetivamente perceptuais, e sim a *intensidade* do crédito que o presidente Lula tem em si mesmo. Nesse caso, *o que seria razoável* (a *razão*) é conceitualizado como se fosse um espaço, e o *acreditar em si mesmo* (a *crença*), devido à sua *excessiva* quantidade/extensão, como se ultrapassasse esse limite.

No excerto 42, temos a abstratização da ideia locativa relacionada a intensidade, expressa respectivamente pelos termos *infinitamente*, atribuído ao também intensificador *maior*, e *profundamente*, vinculado a *lamentável*. Naquele, a interpretação, em termos metafóricos, é de algo que *se estende a um ponto cuja distância é imensurável* por não possuir uma demarcação estabelecida. Neste, o conceito intensivo é metaforicamente derivado da noção de *localização vertical num ponto extremamente baixo/fundo e distante da superfície num conteiner* (DUQUE e COSTA, 2012).

Cabe retomar aqui o esquema proposto por Lakoff e Johnson (1999) MAIS É PARA CIMA e observar que, em termos de verticalidade, MAIS também pode ser PARA BAIXO, dependendo da perspectiva adotada. Significa dizer que, numa direção descendente, quanto mais se desce, mais ao fundo/profundo se vai; também quanto mais se tira, menos/menor fica. Isso, de certo modo, explica por que *profundo/profundamente* podem ser utilizados como noção intensiva. No caso do fragmento textual 42, o fato de esse conceito vir associado a *lamentável* como seu intensificador provavelmente esteja relacionado à avaliação demasiadamente negativa quanto à informação exposta, o que favoreceu o mapeamento metafórico de tal conceito no domínio da intensidade.

Outras palavras cujo conteúdo metafórico de intensidade também se relaciona ao conceito mais "físico" de localização são as que se referem ao espaço sideral, tais como *exorbitante*, *estratosférico*, *astronômico* (este último, mais relacionado à ideia de *grandeza*, por designar algo que possui *dimensões de um astro*). Isso, provavelmente, em razão de se associarem à noção de distância para muito além/acima dos limites terrestres. Observemos os seguintes excertos textuais:

(43) Na primeira, [o presidente Lula] foi grosseiro com os brasileiros, que sofrem com *os juros **estratosféricos*** [...]

(ALVARENGA, T. Espelho, espelho meu. *Veja*, 4 maio 2005, p. 64)

(44) [...] os que ficam, embora poupados das longas semanas, ou meses, ou anos, de sobressaltos, de preocupações, de vigílias em hospitais e de plantões à beira da cama, sem falar do preço **astronômico** das doenças, especialmente os terminais, são fulminados pelo choque do inesperado. (TOLEDO, R. P. de. Primeira e dama. *Veja*, 2 jul. 2008, p. 142)

O grau em termos de localização metaforizada também se revela em alguns elementos prefixais. Entre os designativos de *posição vertical*, encontramos as formas *sobre-*, *super-*, *hiper-*, por exemplo, com noção abstrata de *superioridade*, e *sub-*, *infra-* etc., de conteúdo intensivo de *inferioridade*. Quanto aos indicativos de *situação horizontal*, temos *extra-*, *ultra-* e similares. Vejamos agora as seguintes amostras com valor intensivo, as quais dispensam comentário:

(45) [...] as meninas, de top, shortinho e *silhueta **hiper**curvilínea*, saracoteavam na areia de Copacabana sob gritos delirantes... (Coluna social Gente. *Veja*, 18 maio 2005, p. 72)
(46) Sua [lentes Crizal] camada de zircone torna as *lentes **ultra-resistentes*** a arranhões [...] (*Cláudia*, jun. 2004, p. 79)

Cabe, neste ponto, comentar o que Heine (1997, p. 212-214) afirma quanto ao esquema cognitivo subjacente a esse conceito, que, para o autor, trata-se da ideia de *ação*. Na verdade, ao se observar apenas os termos em si que a expressam (*exceder*, *ultrapassar* etc.), percebe-se mesmo essa ideia.

No entanto, parece que o importante para a conceitualização de intensidade não é a noção acional mesma, mas o resultado desta. Quer dizer, a intensificação sinaliza ter mais a ver, do ponto de vista metafórico, com o fato de algo *ficar/estar além de um determinado limite/conteiner* fixado como parâmetro do que com o conceito de movimento (ação móvel) que tal resultado pressupõe.

Portanto, ao se dizer que alguma coisa *excede/ultrapassa* outra numa dada propriedade (*i.e.*, que X *é/possui mais* Z *do que* Y), o mais pertinente para o conceito intensivo é a situação decorrente desse processo, ou seja, a relação entre a ideia de localização, conceitualizada para além de uma certa medida, e o mapeamento disso, em termos figurativos, na esfera abstrata da intensificação.

Em todos esses casos de intensificação expostos até aqui, podemos ver que, em sua conceitualização, ocorre um processo associativo entre esta e outro domínio de base nocional ancorada na experiência perceptiva do qual emerge. Em outras palavras, opera-se a transferência de um dado conteúdo (ou de certo(s) aspecto(s) dele), em geral, derivado de conceitos perceptualmente relacionados a quantidade, tamanho, peso ou localização, para a esfera +abstrata da intensificação, em termos metafóricos.

Nesse sentido, as ocorrências intensivas parecem revelar o que Lakoff e Johnson (2002) denominam "*metáforas ontológicas*", cuja característica é a concepção de "*eventos, atividades, emoções, ideias etc. como entidades e substâncias*". Significa dizer que, ao se referir, por exemplo, à intensidade da beleza em termos quantitativos; do choro em termos extensionais; do sono em termos de peso; da simplicidade em termos de altura; ou do perigo em termos de distância etc., o locutor realiza uma transferência (ou mapeamento cognitivo) desses conceitos para o âmbito da intensificação, tomando as noções intensificadas como se fossem entidades/substâncias que podem ser "contadas", ter "estatura" ou "peso", "posicionar-se" em algum lugar, e assim por diante.

Por outro lado, tal como ficou demonstrado, na maioria desses casos, é fundamental a coatuação da metonímia, em razão da contiguidade e da interdependência existentes entre alguns desses conceitos. Isso porque, no plano experiencial com seres e objetos do mundo, pode-se perceber a relação de causa--efeito entre quantidade e tamanho/peso/altura/distância etc. de categorias contáveis/mensuráveis. Como tal relação se reflete indiretamente na formulação da metáfora intensiva, é possível supor que o processamento cognitivo metonímico lhe seja subjacente.

3.2.5.5 Metaforizações de grau procedentes de experiências biofísicas e psicoafetivas[3]

Muitos intensificadores emergem de conceitos que designam sensações/experiências biofísicas. Trata-se de casos como os encontrados, por exemplo, em expressões como *extenuante*, *sufocante*, *ensurdecor*, *ofuscante*, *doentio*, *estonteante*, *acalorado*, *ardente*, *vertiginoso*. Eis algumas amostras disso:

(47) [...] tá certo que... só um pouquinho de ciúme... vai... não aquele ciúme **doentio**... (Corpus D&G/Natal, p. 353)

(48) O estudo da biodiversidade vive uma revolução — as descobertas de espécies se sucedem *num ritmo **vertiginoso***. (BARELLA, J. E. 40 novas espécies por dia. *Veja*, 1º jun. 2005, p. 106)

---

3. *Biofísicas* refere-se às experiências biológico-corporais, tais como calor, surdez, arrepio, vertigem, tontura, dor, cansaço, doença, morte e similares; *psicoafetivas* têm a ver com as experiências de caráter emotivo/sentimental, entre elas, medo, temor, paixão etc. Por outro lado, isso não significa que haja uma separação absoluta entre essas experiências, uma vez que, a rigor, as sensações físicas têm reflexos psicológicos/afetivos e vice-versa, pelo fato de corpo e mente estarem inalienavelmente ligados.

Vemos nesses dados que os termos *doentio* (em 47) e *vertiginoso* (em 48) exprimem conceitualizações metafóricas de intensidade atribuída respectivamente a *ciúme* e *ritmo*. Na verdade, tais termos representam conceitos resultativos, decorrentes da extrema intensidade dos referentes aos quais se associam. Em outras palavras, em 47, afirma-se indiretamente que *tão intenso* é o *ciúme* que *se torna doentio* para quem o experimenta; em 48, que *tão intenso/veloz* é o *ritmo* que chega a *causar vertigem/ser vertiginoso*. Nesses casos, parece ocorrer um processo de reanálise, dada a contiguidade existente entre esses conceitos, em razão de possuírem entre si uma relação de causa-efeito. Significa que os termos de valor resultativo acabam por incorporar a função metafórica intensiva, dispensando e substituindo o termo intensificador.

Há também certas construções sentenciais de valor intensivo formuladas mais ou menos dentro dos esquemas sintáticos (1) *X que S*; (2) *X de S*; ou (3) *S de X* (sendo *X* o conceito intensificado e *S* [de *sentença*] o recurso intensificador), as quais revelam igual associação entre o domínio de base físico-experiencial e a intensificação. Vejamos as ocorrências a seguir.

(49) [...] aí chegou esse cara com outro cara... *feio que **dói**...* (*Corpus D&G/RG*, p. 5)

(50) [...] aí... quando dou conta ela estava dando o maior show lá na frente... fazendo um montão de coisa... fiquei super/ **morrendo** de raiva... (*Corpus D&G/RJ*, p. 51)

O que se depreende dessas construções é a relação metonímica de causa-efeito entre a noção intensificada e seu associado intensivo. Essa relação sinaliza uma espécie de reanálise conceitual e estrutural, em que o verdadeiro elemento intensificador cede lugar ao componente de caráter resultativo, passando este a assumir a função daquele.

Concluímos então que o mapeamento metafórico em termos dessas experiências biofísicas, refletido na expressão intensificadora, provavelmente deriva da associação metonímica mais básica entre a conceitualização intensiva do evento/da situação referido(a), atuante como causativo de forte impacto, e seu resultado de proporções altamente sensíveis. Este, num processo de reinterpretação e de reorganização semântico-sintática, acaba por assimilar o valor intensivo, descartando o(s) marcador(es) característico(s) dessa função, o que culmina num desses tipos de construção conceitual de intensidade.

A extensão metafórica calcada em conceitos provenientes de experiências físicas pode também ser flagrada em termos como *deslumbrante, notável, admirável, espetacular, maravilhoso, fascinante*, entre outros. Estes, vinculados à sensação visual, provavelmente derivam da ideia de se ficar perplexo diante de algo visualmente impactante, o que parece relacionar-se aos nexos metonímicos mais básicos entre causa e efeito. Quer dizer, do ponto de vista perceptível, um ser ou coisa possui um apelo visual tão saliente/intenso que provoca reação de *deslumbramento, admiração* e similares. O conteúdo semântico de tal reação, por sua vez, é mapeado no domínio mais abstrato do grau, ao que tudo indica, licenciado por aqueles nexos metonímicos fundamentais. Observemos os fragmentos textuais a seguir, em que os respectivos conceitos graduais são expressos em termos de noções associadas à saliência/atração visual:

(51) [...] e com isso não apenas se livraria do nó que lhe sufoca a garganta, [...] como também, *numa **espetacular** reversão*

de golpes ilusionistas, usaria a seu favor o sósia [...] (TOLEDO, R. P. de. Entre sósias e sombras. *Veja*, 10 set. 2003, p. 122)

(52) Ressalvada a coincidência de que ambos [Roberto Jefferson e José Dirceu] buscam o milagre, entre todos prodigioso, em política, da transubstanciação da derrota em vitória, *as diferenças de estilo* **saltam à vista** [...] (TOLEDO, R. P. de. Em busca da mágica redentora. *Veja*, 29 jun. 2005, p. 134)

Existem também outros recursos intensivos, em termos metafóricos, oriundos de conceitos que se relacionam a sensações/estados biofísicos e psicoemotivos, cujo conteúdo vincula-se mais especificamente à noção de *medo/temor* (MCMAHON, 1995). Quanto a isso, pode-se supor que tal relação se dê em virtude de se associar a algo numeroso, grande e potente o bastante para se impor sobre nós e/ou se constituir uma ameaça à nossa integridade física, o que consequentemente desperta em nós espanto/terror; ou ainda a alguma coisa fora do comum e/ou misteriosa que nos impressiona o suficiente para nos deixar estarrecidos. Daí o fato de certos conceitos intensivos serem nocionados através de palavras como *hediondo, estarrecedor, estupendo, horrível, terrível, assustador, assombroso, monstruoso, tremendo* — este último relaciona-se, por extensão conceitual, à ideia de que o susto/medo atinge nosso sistema nervoso e causa em nós *tremor/estremecimento físico* — e outros que se ligam ideacionalmente a essas acepções.

Assim, mais uma vez, defendemos que a transposição metafórica desses conceitos para o domínio do grau se deve possivelmente, em primeiro lugar, à associação contígua de causa-efeito estabelecida entre algo reputado como imponente e prejudicial/destrutivo e a consequente reação de pavor/assombro em nós. Essa inter-relação, supomos, favorece o mapeamento entre *experiências de forte impacto emocional e o conceito intensivo*, o que poderia ser traduzido esquematicamente nos seguintes termos: INTENSIDADE É EXPERIÊNCIA FÍSICO--EMOTIVA IMPACTANTE. Apresentamos a seguir estas ocorrências:

(53) [...] o sangue começou a *escorrer* **de forma assustadora**, [...] e *eu mais* **assustada** *que nunca* fui correndo atrás dela. (*Corpus D&G/RG*, p. 20)

(54) [...] tem meninos que... é:: **horrível** de ruim... (*Corpus D&G/Natal*, p. 441)

No trecho 53, *assustada* (na segunda ocorrência) tem a ver com o real estado emotivo da locutora, portanto possui uma acepção mais "concreta". Já na expressão *de forma assustadora*, esse adjetivo atribui intensidade a *escorrer*, significando mais ou menos que o sangue *escorria em quantidade tão abundante que chegava a ser assustador*. Em 54, a locução *horrível de...* equivale a algo como *demasiadamente*, intensificando a noção de *ruim*.

3.2.5.6 O conceito gradual por meio de metáforas novas

Conforme já referido, existem outras conceitualizações metafóricas do grau formuladas a partir de noções que normalmente não possuem tal acepção. Contudo, em razão de determinados mapeamentos conceituais situacionalmente construídos, de certo modo indiretamente vinculados às ideias de *quantidade, tamanho, força, localização* ou *experiência impactante* (estas, segundo ficou demonstrado, fundamentais na elaboração conceitual do grau), são recrutadas para atribuir grau intensivo. Tal fenômeno se revela no uso de palavras ou expressões nas quais se infere o mapeamento estabelecido entre alguma característica de seu conteúdo mais "denotativo"/convencional e sua função intensiva, o que referenda seu estatuto metafórico. Atentemos para os seguintes dados:

(55) É *uma estupidez* **himalaica** culpar defensores dos direitos humanos pelos atentados [...] (PETRY, A. Eles não passarão. *Veja*, 31 maio 2006, p. 48)

(56) O personagem principal é Adolfo Lemoleme, professor de literatura que se dedica a uma "empreitada de **hercúleas** *proporções*": escrever a biografia do escritor Bernardo Dopolobo, [...] (SCLIAR, M. *Veja*, 31 maio 2006, p. 113)

Nesses exemplares, as palavras que se aplicam à manifestação de intensidade têm em comum o fato de incorporarem em seu conteúdo semântico (ou estarem de algum modo associadas a) noções relativas a proporção gigantesca/excessiva, impacto grandioso, importância ímpar, anormalidade exacerbada e/ou algo exagerado. Em 55, *himalaica*, vinculada a *estupidez*, potencializa o conteúdo desta por se referir comparativamente ao *conjunto de elevadíssimas montanhas na cordilheira do Himalaia*, nesse caso, querendo significar *imensa/enorme estupidez*. Em 56, *hercúleas*, relativo a *Hércules* — o mitológico herói grego, *possuidor de avantajada estatura e incomparável força física* —, sobrecarrega a ideia de *proporções*, intensificando por extensão o conteúdo de *empreitada*.

Portanto, tal como ficou demonstrado, as conceitualizações intensivas estabeleceram-se por vias metafóricas, intimamente vinculadas a noções emergentes do nosso contato perceptivo com o mundo natural e/ou sociocultural. Ao fazer uso dessas inter-relações, o locutor parte do pressuposto de que seu público-alvo compartilha as mesmas experiências e, assim, possui repertório informativo suficiente para, mediante operações inferenciais favorecidas pelo contexto discursivo-pragmático, processar cognitivamente as associações metafóricas implicadas, reconhecer os nexos semânticos entre um conceito e outro e chegar ao sentido negociado (CROFT e CRUSE, 2004). Significa dizer que, nesses casos, dados o ineditismo e o nível de elaboração conceitual das metáforas utilizadas, o falante/escrevente conta com a capacidade de seu(s) ouvinte(s)/leitor(es) em reconhecer o mapeamento entre um domínio e outro, traduzindo, assim, o conceito relativo a aspectos da realidade em conteúdo intensivo.

Contudo, vale relembrar aqui o que foi conjecturado no início deste livro: o fato de que, não obstante as especificidades socioculturais e linguísticas das diversas comunidades de fala, o recurso à intensificação parece fundamentar-se em esquemas cognitivos mais gerais/básicos e, pelo que parece, relativamente independentes dessas peculiaridades (HEINE, 1997). Isso porque, conforme foi demonstrado, os falantes, ao expressarem alguma noção intensiva, na maioria das ocorrências lançam mão de conceitos que possuem alguma associação semântica, direta ou indireta (pelo mapeamento metafórico), com algo que é conceitualizado em termos de muito/pouco, grande/pequeno, largo/estreito, pesado/leve, forte/fraco, alto/baixo, superior/inferior, longe/perto, aprazível/desprezível, impactante e similares. Essas noções, além de exibirem estreita relação com as experiências físico-sensitivas e culturais dos indivíduos, possuem propriedades conceituais que se ajustam à natureza da graduação sendo, do ponto de vista cognitivo e interacional, mais facilmente processáveis e viabilizadoras das intenções sociodiscursivas.

Por outro lado, não há como negar as determinações do evento comunicativo e do ambiente sociocultural na manifestação do grau. Ou seja, são as particularidades desses fatores que, a partir da negociação discursiva entre os interlocutores, "selecionam" quais noções graduais e quais formas linguísticas são mais adequadas e produtivas na expressão desse conceito (Heine, 1997).

Tais procedimentos revelam, por outro lado, os princípios de economia e de menor custo cognitivo operados no uso linguístico. Significa que conceitos e formas já existentes são aproveitados para desempenharem funções diversas (semânticas e/ou pragmáticas) em razão de haver entre um uso e outro alguma similaridade conceitual ou formal, o que favorece a polissemia/extensão metafórica e/ou a reanálise de base metonímica, tornando o discurso mais facilmente processável (Hopper e Traugott, 2003).

3.2.6 A perspectivização do grau

Refere-se ao modo como o grau é conceitualizado e focalizado (Taylor, 1992; Tomasello, 1999). Significa que o nosso ponto de vista sobre os fatos e a maneira (ou o viés) como pretendemos apresentá-lo ao nosso interlocutor — isso orientado por outras circunstâncias contextuais — são alguns dos fatores que determinam a conceitualização do grau e o enquadre em que essa conceitualização se dá. Sendo assim, o conteúdo graduado reflete, em certa medida, um ponto de vista imposto sobre uma determinada entidade, um evento ou uma situação.

Tal constatação aponta necessariamente para a não paridade entre a atribuição de grau e o exato estado de coisas existente no mundo objetivo (MARMARIDOU, 2000). Isso se confirma no fato de uma dada noção ser concebida como aparentemente não passível de graduação e, contrariando essa expectativa, encontrar-se graduada em determinado contexto.

Sendo assim, podemos admitir que a atribuição de grau deve-se em parte à perspectiva adotada (subjetiva ou convencionalizada a partir de parâmetros fixados socioculturalmente) quanto à maneira como se conceitualiza e se enfoca um dado fenômeno ou situação (TOMASELLO, 1998; LANGACKER, 2008).

Com efeito, na aplicação do grau, os locutores utilizam alguns procedimentos de significação que se relacionam ao modo como tal fenômeno pode ser percebido e compreendido. Assim sendo, propomos considerar aqui uma caracterização mais refinada do grau em relação aos modos de sua focalização, a saber: quanto ao *aspecto*, quanto à *escalaridade*, quanto ao *escopo*, quanto à *explicitude* e quanto à *ancoragem*.

3.2.6.1 Quanto ao aspecto

Em relação ao *aspecto*, o grau pode ser focalizado como *pontual* ou como *processual*, conforme se detalha a seguir.

3.2.6.1.1 Pontual

A atribuição de grau é apresentada como estando já estabelecida; quer dizer, o que é graduado é exposto como dado e definido.

(57) [...] o motorista do táxi **muito receptivo**... perguntou de onde eu era e... ***super... super hospitaleiro*** assim... me

deixou **bem à vontade** e me explicou alguns trechos... dali do centro como eu deveria... [...] onde era os lugares **mais fáceis** ali do centro... (*Corpus D&G/Natal*, p. 101)

(58) [...] a chegada lá é indescritível: **lindíssimo**, paisagem perfeita, **maior astral** são palavras pequenas para aquele lugar **tão sublime**. (*Corpus D&G/RJ*, p. 28)

Nesses dois exemplos, percebe-se que os conceitos graduados se apresentam estáticos, isto é, como propriedades já existentes e definidas. Nesse sentido, o que é intensificado conceitualiza-se como sendo um estado de coisas já pronto, estabelecido e imobilizado no tempo.

3.2.6.1.2 Processual

O grau é mostrado como se encontrando ainda em andamento, ou com uma certa duração, cujo processo ainda não foi ou está para ser concluído.

(59) [...] fez **aquele fogaréu**, e **foi aumentando, aumentando**, até que se transformou numa grande explosão... (*Corpus D&G/Natal*, p. 67)

(60) [...] os pais não entendem por que os filhos **tão ficando tão... agressivos... tão revoltados**... (*Corpus D&G/Natal*, p. 155)

Nesses trechos, tanto em 59 (o aumento da proporção do fogo) como em 60 (o nível de agressividade e de revolta dos filhos), as respectivas propriedades intensivas são apresentadas como estando em desenvolvimento, num *continuum* ascendente. E tal fato se percebe principalmente pelo uso das locuções gerundivas em ambos os casos, o que aponta para a ideia de duração num certo período de tempo.

Tal distinção torna-se ainda mais evidente no caso de uma mesma noção ser perspectivizada com aspectos diversos, como nos seguintes excertos:

(61) [...] ele saltou do carro... pô... **putão**... (Corpus D&G/RJ, p. 10)

(62) [...] aí o cara *foi ficando* **mais puto**... (Corpus D&G/RJ, p. 4)

Veja-se que, em 61, o atributo *putão* é um intensivo conceitualizado numa perspectiva pontual, acabada; já em 62, o mesmo conceito se apresenta focalizado sob uma ótica processual, contínua e duradoura. Isso corroborado pela forma *foi ficando*.

3.2.6.2 Quanto à escalaridade[4]

No que se refere à *escalaridade*, o grau pode ser perspectivizado como estando *polarizado* ou *escalonado*, segundo o que se explicita a seguir.

3.2.6.2.1 Polarizado

O grau é conceitualizado como estando em nível máximo ou mínimo, isto é, num dos extremos da escala.

---

4. Flores (2004) classifica esse tipo de grau como "o grau mais alto" (o que denominamos *polarizado*) e "o grau muito alto" (o que designamos como *escalonado*). Consideramos a terminologia da autora pouco adequada pelo fato de que, nessa perspectiva, a escalaridade só vai em direção ascendente. No entanto, sabemos — e há abundante evidência disso — que o grau pode também se encontrar no nível *mais baixo* (o mínimo possível) ou *muito baixo*, isto é, com escalaridade descendente, muito reduzida.

(63) [...] e nesse instante ***arremessei*** a bola ***o mais longe que pude***... (*Corpus D&G/RG*, p. 20)

(64) [...] esse é ***o de melhor qualidade que eu já vi até hoje*** no mercado... (*Corpus D&G/Natal*, p. 137)

Nesses casos, o grau das propriedades apresenta-se delimitado em uma dada medida, tornando possível determinar seu ponto extremo. Em 63, a distância do arremesso da bola é colocada no nível máximo dentro das condições circunstanciais (*o mais longe que pude*); em 64, o grau de qualidade é considerado como o melhor já visto até hoje no mercado.

3.2.6.2.2 Escalonado

O conceito graduado apresenta-se num ponto indefinido da escala, não se podendo determinar precisamente em que nível de intensidade se encontra. Nesse caso, pode-se apenas verificar a direção do escalonamento, se para mais ou para menos.

(65) [...] os dois assim ***mortinhos de sono***... né? o::/ ah::... o tempo ***horrível... horrível... horrível... horrível***... [...] de madrugada estava assim... ***fri::o***... (*Corpus D&G/RG*, p. 3)

(66) [...] ele saltou do carro... pô... ***putão***... e o motorista do táxi ***tranquilíssimo***... (*Corpus D&G/RJ*, p. 10)

Nesses trechos, o grau dos atributos referidos encontra-se elevado a um ponto alto da escala, porém num nível impreciso, não exatamente identificável.

3.2.6.3 Quanto à explicitude

Com respeito à *explicitude*, o grau se focaliza de modo *direto* ou *indireto*, tal como se comprova no que segue.

3.2.6.3.1 Direta

Quando o conceito graduado está diretamente (ex)posto na superfície textual, podendo ser facilmente apreendido através dos produtos verbais que o codificam. Observem-se estes casos:

(67) [...] ele [o colégio] é **um... bem bonito**... a sala de aula também é **muito grande**... (*Corpus D&G/RG*, p. 40)
(68) [...] e lá eles começaram a **beber beber beber beber**... (*Corpus D&G/RJ*, p. 5)

Por essas amostras, pode-se perceber que o conteúdo graduado encontra-se diretamente explicitado através da construção linguística que o codifica: em 67, intensificam-se a beleza do colégio (*bem bonito*) e o tamanho *da sala de aula* (*muito grande*), respectivamente; no caso 68, apresenta-se o exagero da bebida (*beber beber beber beber*). Todos estão ostensivamente postos na superfície textual.

3.2.6.3.2 Indireta

Quando o objeto da graduação não se encontra verbalmente explicitado, mas nas entrelinhas do texto, apenas sugerido indiretamente no conteúdo exposto. Nesse caso, o que está de fato graduado é deduzido pela via inferencial. Vejamos os fragmentos textuais que seguem.

(69) Mulher, mulher,
na escola em que você foi ensinada
jamais tirei um dez
sou forte, mas não chego aos seus pés.
(CARLOS, E.; NARINHA. *Mulher*. Disponível em: <http://letras.terra.com.br>. Acesso em: 7 jul. 2008)

(70) ***Frio, cruel e insensível. Se o mocinho é assim, imagina como são os bandidos.*** "A Missão" com Robert de Niro. (*Isto É*, 25 jun. 1997, p. 137)

Nessas amostras, o que na verdade é graduado não se encontra diretamente codificado, como normalmente ocorre; ao contrário, acha-se implícito no material linguístico posto, o que requer uma operação dedutiva. Em 69, pode-se inferir, através do enunciado *sou forte, mas não chego aos seus pés*, que *a força da mulher supera em muito* a do locutor. Em 70, o que se depreende a partir da informação *imagina como são os bandidos*, tomando-se também como base o conteúdo anterior, é que estes são *bem piores* (isto é, *excessivamente mais frios, mais cruéis e mais insensíveis*) do que *o mocinho*.

Vê-se então que, em nenhuma dessas amostras, a manifestação do grau se deu conforme os padrões esperados, mas de forma sinuosa, indireta. Portanto, fica evidente que o recurso ao grau nem sempre se processa de modo explícito, codificado diretamente por meio de uma expressão linguística nos moldes convencionais. Significa que, nesse caso, o falante/escrevente conta com a capacidade dedutiva/inferencial do interlocutor para apreender o conteúdo intensivo significado, abstraindo-o de determinadas pistas deixadas na superfície do texto.

Sob essas condições, é crucial o processo de negociação de sentido(s) estabelecido entre os parceiros de interação. Segundo já comentado, é o que Traugott (2011) denomina "inferência sugerida" (ou inferência pragmática), referindo-se ao fato de que o locutor recorre a determinadas instruções de sentido contextualmente motivadas, esperando que seu interlocutor "entre no jogo" e colabore na construção do(s) significado(s) pretendido(s).

A esse respeito, deve-se considerar ainda a importância do gênero discursivo como um elemento favorecedor dessas estratégias de significação gradual. Em outras palavras, o gênero discursivo, de certo modo, licencia o recurso indireto ao grau. Nesse sentido, vemos que gêneros da esfera literária bem como outros em que há mais espaço para a subjetividade (tais como coluna social, reportagem, anúncio comercial e assemelhados) é um ambiente suscetível a esses procedimentos mais criativos.

3.2.6.4 Quanto ao escopo

O *escopo* do grau tem a ver com o(s) conteúdo(s) que pode(m) ser alcançado(s) pela noção gradual. Nesse sentido, divide-se em *localizado* e *sequencial*.

3.2.6.4.1 Localizado

A noção graduada incide sobre um dado conceito associado a um referente, um evento, um atributo ou uma circunstância individualizado(a), sendo desse modo mais específico e restritamente focalizado.

(71) [...] a minha tia... é uma pessoa **super ótima**... me dá **bastante carinho**... (Corpus D&G/RJ, p. 104)

(72) [...] só que nesse dia eu tava **inspirado demais**... **falei até**... **pelos cotovelos**... (Corpus D&G/Natal, p. 70)

Nesses fragmentos, podemos relacionar o conteúdo graduado a uma entidade referencial particularmente identificável. Em 71, a intensidade recai sobre as noções de *bondade* e de *carinho* da *tia*; em 72, intensificam-se o grau de *inspiração* do locutor e de sua *ação verbal*.

3.2.6.4.2 Sequencial

A atribuição de grau irradia-se ao longo de um dado segmento textual, não incidindo sobre um conceito referencial, uma propriedade, uma ocorrência ou uma circunstância especificamente localizado(a) e delimitado(a) por um item lexical ou por uma expressão. É o que poderíamos chamar de *gradação discursiva*[5], uma vez que se trata de uma sequência nocional que vai sendo gradativamente intensificada no decorrer do desenvolvimento textual, encontrando-se mais dispersa/distribuída na cadeia textual. É o que se pode verificar nos textos que seguem.

(73) Há aqueles que *lutam* **um dia**
e por isso são **bons**;
Há aqueles que *lutam* **muitos dias**

---

5. Essa questão é retomada com mais explicitude no item 4.5.2 do capítulo seguinte (Aspectos formais do grau).

e por isso são **muito bons**;
Há aqueles que *lutam* **anos**
e são **melhores ainda**;
Porém há aqueles que *lutam* **toda a vida**
esses são os **imprescindíveis**.
(BRECHT, B. *Os que lutam*. Cartaz do SINTE/RN. Natal, jun. 2006)

(74) Mas se o pai do menino é da oposição
à **ilustríssima autoridade municipal**,
prima da **eminentíssima autoridade provincial**,
prima por sua vez da **sacratíssima autoridade nacional**,
[...]
(ANDRADE, C. D. de. Portão. *Menino antigo*. Rio de Janeiro: Livraria José Olympio, 1973. p. 49)

Nessas amostras textuais, observamos que, além das formas convencionais de intensificação (em 73, *muito bons, melhores ainda*; em 74, *ilustríssima, eminentíssima, sacratíssima*), há também uma gradação intensiva subjacente ao longo de cada uma dessas sequências, num *continuum* escalar ascendente. Em 73, a ideia de valorização dos *que lutam* vai-se intensificando gradualmente de apenas *bons* < *muito bons* < *melhores ainda* até atingir o nível máximo com *os imprescindíveis* (i.e., *extremamente bons*), isso em equivalência com a escalaridade também crescente do grau quantitativo entre *um dia* < *muitos dias* < *anos* < *toda a vida*, indicando a proporcionalidade entre a duração do período de luta e o grau do valor atribuído ao lutador correspondente. Em 74, percebemos a amplificação gradual da noção de importância das autoridades mencionadas entre *ilustríssima* < *eminentíssima* < *sacratíssima*, sendo corroborada pela também escala ascendente da posição hierárquica dos respectivos referentes — *municipal* < *provincial* < *nacional*.

Pelo que foi visto, evidencia-se que há recursos graduadores não propriamente circunscritos a uma noção individualizada, mas a um dado segmento textual em tom gradativamente escalar de modo ascendente ou descendente. Significa que, ao invés de se limitar a um conceito restrito — isto é, um componente referencial, um evento, um qualificativo ou uma circunstância especificamente delimitado(a) —, o grau dispersa-se ao longo de uma sequência informativa, em que se procura imprimir reforço gradiente a um determinado conteúdo ideacional mais amplo.

Ainda no que se refere ao escopo (ou alcance) da noção gradual, vale salientar que, distinguindo-se do que se tem convencionalmente postulado, defendemos que o valor do grau deve ser interpretado, em muitas ocorrências, como abarcando/atingindo também o conteúdo do termo, expressão ou sentença relacionado(a) ao elemento delimitadamente graduado. Posto nesses termos, vemos a necessidade de se tomar o grau como modificador tanto do conteúdo lexical a ele explicitamente vinculado, como também de todo o conteúdo sintagmático ou proposicional, conforme for o caso.

Nesse sentido, estamos lançando mão do seguinte raciocínio: se *A* modifica *B* e este modifica *C*, então *C* também é modificado, ainda que indiretamente, por *A*. Quer dizer, se há um conceito adjetival graduado modificando (na condição de adjunto ou de predicativo) um certo conteúdo nominal, é válido supor que este é igualmente abarcado por tal valor gradual. Esse mesmo raciocínio pode ser aplicado para o caso de um advérbio vinculado a uma noção verbal ou a um modalizador relacionado a um conteúdo proposicional maior. Para melhor esclarecimento disso, apresentamos os seguintes dados:

(75) [...] começou uns latido assim... bah... *um monte de cachorro*... **tri grandão** assim... treinado... né?... (*Corpus D&G/RG*, p. 28)

(76) [...] é **muito** difícil você permanecer onze anos com uma pessoa sem brigar... (Corpus D&G/Natal, p. 210)

Na amostra 75, apesar de os intensificadores *tri* e *-ão* se aplicarem mais diretamente a *grande*, pode-se dizer que a graduação recai também sobre o conteúdo referencial *um monte de cachorro*, alterando a perspectiva com este que foi focalizado. Nesse caso, os cachorros referidos são conceitualizados não como apenas em sua acepção "pura" ou simplesmente *grandes*, e sim como *demasiadamente grandes*, portanto, distintos de outros tipos, digamos, (quase) normais. No excerto 76, *muito difícil* é uma expressão avaliativa em relação a *você permanecer onze anos com uma pessoa sem brigar*.

Sendo assim, não se pode interpretar a atribuição de gradualidade restrita apenas ao âmbito dos itens lexicais nela diretamente envolvidos. Na verdade, em contextos como esses, o grau se estende para além dos limites lexicais/sintagmáticos, modificando também um conteúdo mais amplo.[6]

3.2.6.5 Quanto à ancoragem

Por *ancoragem* do grau queremos significar o viés a partir do qual o conteúdo a que se atribui graduação é focalizado. Assim, o grau pode ser perspectivizado com base na experiência *objetiva*, ou sob uma ótica *subjetiva*, ou então vincular-se à relação *intersubjetiva* (GHESQUIÈRE, 2010).

---

6. Não estamos, com isso, contradizendo o que afirmamos anteriormente a respeito da incidência referencial/localizada do grau ou criando outra categoria relativa ao seu escopo. Na verdade, a proposta é ampliar a visão quanto ao que tem sido tradicionalmente aceito, isto é, a ideia de que o valor gradual recai tão somente sobre uma dada classe lexical, modificando unicamente o seu conteúdo semântico.

3.2.6.5.1 Objetiva

Diz respeito à focalização do grau de natureza mais calcada na experiência com o mundo físico/material. Nesse sentido, a conceitualização do grau exprime noções de encarecimento relativo a tamanho, dimensão, volume, proporção, quantidade e demais conteúdos julgados por parâmetros mais racionais, criando-se uma espécie de efeito de objetividade. As amostras a seguir podem ilustrar esse ponto.

(77) [...] essa casa é uma **casinha**... **não muito grande**... [...] o céu ali é uma parte escura tem **pouca** *iluminação* né... (*Corpus D&G/Niterói*, p. 21)

(78) Depois de vender **muita** *calcinha* e *sutiã* para os outros, Gisele Bundchen, 30, resolveu usar o corpo — e, céus, que corpo — em causa própria [...] Com os *seios ligeiramente* **diminuídos** por causa da amamentação, aproveitou para passar outro recibo... (*Veja*, 18 maio 2011, p. 94)

Nessas ocorrências, pode-se verificar que a atribuição de grau incide sobre conteúdos relacionados a entidades cuja conceitualização baseia-se na concretude (*casa* e *iluminação*, em 77; *calcinha*, *sutiã* e *seios*, em 78), mais associada à ideia de dimensão, quantidade, proporção e similares. Desse modo, tal atribuição pode ser constatada/aferida objetivamente, o que a torna com um viés mais "impessoal".

3.2.6.5.2 Subjetiva

(79) [...] tenho **muita** *preocupação* no trânsito... tenho **muita** *preocupação* com::... educação no trânsito... que eu acho

que as pessoas são **muito** mal-educadas... e sou/eu gosto **muito** de::... de ser educado... (Corpus D&G/Niterói, p. 3)

(80) De collant preto, foi filmada **beeeeem** de perto jogando tênis. O contratante, no final, desistiu. Motivo: ficou "sexy **demais**". (Veja, 13 abr. 2011, p. 76)

Nessas amostras, a subjetividade do grau se revela no fato de esse conceito vincular-se a conteúdos fundamentados em um ponto de vista bastante particular e idiossincrático dos respectivos informantes (*preocupação*, *mal-educados* e *gosto*, em 79; *de perto* e *sexy*, em 80). Nesse sentido, a graduação baseia-se principalmente no individualismo e no estado psicológico do falante/ouvinte, que a focaliza com as lentes de seu julgamento afetivo.

3.2.6.5.3 Intersubjetiva

(81) **Ilustríssimo** cliente!
Santander investe em segmento para consumidores de alta renda.
(Disponível em: <http://www.clientesa.com.br/gestao/49799/ilustrissimo-cliente!/ler.aspx>. Acesso em: 30 abr. 2013)

(82) [...] o que a gente vê demais e que tá sendo apregoado por aí é que a pessoa é **ruim... ruim... ruim... ruim**... aí resolve ficar bom e passa para outra religião... né... no caso... tão procurando a Assembleia de Deus... porque é a única que diz que na hora que você se arrepende de seus pecados... você passa a ser bom... automaticamente... eu acho que não é assim... (Corpus D&G/Natal, p. 65)

A manifestação de grau em 81 está mais associada à esfera interacional, posto que o termo *ilustríssimo* desempenha função discursivo-pragmática no sentido de servir como um indexador de relações sociais. Em outras palavras, elementos graduadores, em determinadas circunstâncias, sinalizam o grau de aproximação ou de distanciamento afetivo bem como a (as)simetria de *status* social entre os parceiros de interação.

No excerto 82, a graduação em *ruim* desempenha função intersubjetiva pelo seu caráter retórico-argumentativo. Por meio desse recurso, a locutora procura desautorizar o discurso da Assembleia de Deus quanto à possibilidade de qualquer indivíduo transformar-se numa boa pessoa de repente. Para fundamentar seu contra-argumento, ela aponta para o caso de alguém que é extremamente mau não poder recuperar-se instantaneamente e passar a ser bom só porque mudou de opção religiosa. Sendo assim, a graduação participa na construção da estratégia argumantativa na busca pela adesão do interlocutor ao ponto de vista assumido pela informante (TRAVAGLIA, 1996; KOCH, 1997).

A partir dessas amostras, é possível estabelecer aqui certa correspondência entre a projeção +*concreto* ⇒ +*abstrato* e as noções de grau no *continuum objetividade* ⇒ *(inter)subjetividade*, tomando como base o que é postulado em Traugott e Dasher (2002). Em outras palavras, parece ser plausível supor que as projeções de conceitos graduais atribuídos a realidades concretas para designarem conceitos abstratos associam-se à transferência de conteúdos relativos à objetividade para a conceitualização daqueles vinculados à (inter)subjetividade. Vale conferir o que afirmamos nas seguintes ocorrências:

(83) Agora, independentemente do clube, o Robinho sempre vai jogar sob pressão na Inglaterra por conta do **dinheirão** que pagaram pelo passe dele e pelo prestígio de titular da seleção. (Disponível em: <http://www.linguee.com.br/

portugues-ingles/traducao/independentemente.html>. Acesso em: 5 out. 2011)

(84) Um clássico que encanta há mais de 50 anos. Novo Fiat Cinquecento é um **carrão**. (Disponível em: <http://www.youtube.com/watch?v=QmJczE6REc0>. Acesso em: 5 out. 2011)

Há uma visível diferença das funções semântico-pragmáticas entre os afixos do mesmo tipo nessas ocorrências: no excerto 83, o sufixo presta-se à designação de *grande quantidade de dinheiro* (*dinheirão*), sendo desse modo de conteúdo associado à concretude e à objetividade informacional. Em 84, o sufixo de *carrão* parece desempenhar papel avaliativo-subjetivo, pois o *carro* em tela é, na verdade, um *carrinho* em termos de tamanho. Assim, pode-se dizer que *-ão* relaciona-se à estratégia argumentativa de supervalorizar as propriedades mecânicas e demais vantagens oferecidas pelo *Novo Fiat Cinquecento*, e não à dimensão física deste.[7]

Baseando-se nesses dados, é válido afirmar que formas graduadoras que designam noções ancoradas na concretude tendem a se associar a porções do discurso em que o falante/escrevente deseja imprimir mais objetividade informacional e, com isso, conferir maior credibilidade ao seu dizer. Por outro lado, os conceitualizadores de conteúdos mais abstratos/valorativos vinculam-se a informações em que o locutor expressa sua visão/julgamento particular acerca de um estado de coisas e/ou orientam o ponto de vista do interlocutor acerca de um determinado estado de coisas, visando à persuasão, ou, ainda, para marcar relações pragmáticas.

---

7. Não queremos dizer com isso que os conceitos ancorados na objetividade não possam, igualmente, desempenhar função retórico-argumentativa; tampouco que conceitos mais subjetivos não possuam validade informativa.

Podemos concluir então que as expressões de grau podem ser *descritivas*, de teor mais objetivo, desempenhando primordialmente função referencial/informativa, ou *avaliativas*, de natureza mais subjetiva, assumindo, em especial, função valorativa/retórico-argumentativa (TRAVAGLIA, 1996). Nesse sentido, distribuem-se de maneira escalar entre a função semântica e a pragmática, conforme Tomasello (1998). Isso tem a ver com o viés que o falante/escrevente deseja imprimir ao seu discurso, no sentido de fazer com que o interlocutor "veja" o conteúdo informado a partir de uma certa perspectiva, no intento de atingir um determinado objetivo.

Ainda no que se refere às relações concretude-objetividade e abstratização-subjetividade, cabe aventar que a distribuição funcional das expressões de grau e suas respectivas categorias semânticas parecem estar condicionadas às particularidades enunciativas dos gêneros discursivos e suas respectivas finalidades sociais. Queremos dizer com isso que, nos gêneros mais direcionados à informatividade referencial — portanto, de viés mais objetivo —, é provável que haja maior recorrência a elementos graduadores de caráter dimensivo, quantitativo e/ou hierárquico; por outro lado, nos discursos mais orientados para a conceitualização de intensidade ou de excessivo (des)valor, isto é, de natureza emotiva/subjetiva, é válido supor que haja maior tendência ao uso de recursos graduadores dos tipos intensivo, avaliativo e/ou afetivo.

3.2.7 O grau na informatividade e na progressão discursiva

No item 3.2.6.4.2 (Sequencial) e no capítulo 4, item 4.5 (No plano textual) — ou seja, o grau numa perspectiva sequencial/textual —, defendemos que a noção gradual pode também ser construída ao longo de um segmento textual. Aqui pretendemos tratar da contribuição do grau para a constituição da cadeia informativa do texto, no sentido de estabelecer nexos coesivos e assim auxiliar na manutenção da coerência temática (Givón, 2009). Vejamos como isso se mostra nos fragmentos textuais que seguem.

(85) AL vai *fervilhar* hoje
Presidente da Assembleia Legislativa, Jorge Amanajás, prometeu mostrar em plenário um *DVD bombástico*. E mostrar provas de que um jornal estaria extorquindo um empresário de empresa mineradora. [...] Quem já viu o DVD garante que o empresário acusa, além dos deputados, gente poderosa do executivo estadual. (Disponível em: <http://www.alcilenecavalcante.com.br/alcilene/>. Acesso em: 1º out. 2011)

Observando-se o título da reportagem representada nesse recorte, vê-se que o verbo *fervilhar*, nesse caso graduado com o sufixo intensivo *-ilhar*, introduz uma informação nova, que vai ser desenvolvida e explicada no corpo do texto: trata-se, de modo figurado, do *enorme tumulto* pelo qual passará a Assembleia Legislativa em razão das provas a serem mostradas em DVD *bombástico* contra deputados corruptos. Desse modo, mantém-se a linha de coerência entre o exagero sinalizado na forma verbal do título e o conteúdo do texto.

(86) Lentes Crizal. Totalmente transparentes.
As Lentes Crizal são **tão invisíveis** que você pode esquecer que está de óculos. Isso porque elas possuem **a mais** avançada tecnologia em anti-reflexo. Sua camada de zircone torna *as lentes* **ultra-resistentes** a arranhões e **muito mais** duráveis. E, finalmente, o tratamento *top coat*, que

*facilita **em muito** a limpeza das lentes. Com Crizal, você vê e é visto com **muito mais** clareza. (Cláudia*, jun. 2004, p. 79)

Nesse gênero de discurso — a propaganda comercial de um produto —, tem-se a tendência para a superestima referencial e de outros conteúdos relacionados ao produto, uma vez que se deseja apresentá-lo da melhor forma possível e assim conquistar a preferência do consumidor. Daí a explicação para o aparecimento de conceitos encarecidos.

Portanto, a intensidade no predicativo *tão invisíveis* objetiva significar não o nível de invisibilidade das lentes (afirmação que não seria verdadeira), mas a extrema transparência destas a ponto de torná-las "invisíveis". Além disso, tal informação nesses termos possui um valor discursivo-pragmático, no sentido de querer conquistar pessoas que se sentem desconfortáveis por usar óculos de grau ou que, por algum motivo, não gostam de utilizá-los continuamente.

Ainda uma justificativa para a intensidade em *invisíveis* encontra-se na sequência consecutiva posterior (*que você pode esquecer...*) — o que em geral obriga o uso de um intensivo antecedente — e na explicação seguinte quanto a essas lentes possuírem *a mais avançada tecnologia em antirreflexo*. Nela também se recorre à intensificação, numa demonstração de que tais usos se interinfluenciam no discurso. Quer dizer, tal tipo de lente só é considerada *tão invisível* em razão de possuir essa *tecnologia mais avançada/superior em antirreflexo*.

O mesmo se diz com respeito aos intensivos *ultrarresistentes* e *muito mais duráveis*, que só se explicam se considerados à luz da informação precedente: ter *camada de zircone*, que provavelmente é um recurso tecnológico diferenciador em relação a outros tipos de lentes. Nesse sentido, dizer apenas que tais lentes são *resistentes* e *duráveis* não traduziria de forma adequada e satisfatória esse estado de coisas nem resultaria no mesmo efeito discursivo/argumentativo. Isso também vale para a informação subsequente com relação ao intensivo em *facilita em muito*, que se dá com base no que se diz anteriormente sobre *o tratamento top coat*, significando que, sem ele, é provável que a limpeza das lentes não terá o mesmo grau de facilidade.

Quanto à intensidade em *muito mais clareza*, tem-se uma retomada, em tom de reforço e fechamento, da argumentação em favor da máxima transparência e vantagem dessas lentes. O interessante nisso é que, embora se trate de uma informação considerada "acessória", por se constituir um adjunto adverbial (de modo), é essa informação que de fato importa, e não simplesmente *vê e é visto*.

Nesse caso, o papel do grau num dado conceito se explica, entre outras coisas, em função de demais informações (anteriores ou posteriores, graduadas ou não) relacionadas a esse conceito, contribuindo para o estabelecimento da coesividade e para a manutenção da coerência no discurso multiproposicional (Givón, 2009).

Nessa perspectiva, conforme já comentado, noções graduais colaboram na topicalidade discursiva e/ou no estabelecimento e na manutenção de nexos na teia textual. Sendo assim, a atribuição de grau a um determinado conteúdo pode ser crucial para o acionamento de um tópico temático bem como para a construção de uma dada rede de sentidos ao longo do processamento informacional (Travaglia, 1996; Silva, 2000). Portanto, a graduação de um componente textual pode atuar como um mecanismo de coesão indispensável na constituição de uma dada cadeia temática e na sinalização de *links* semânticos no processamento discursivo.

Em suma, vemos que a conceitualização do grau tem como ponto de partida a experiência do indivíduo com a realidade objetiva circundante, sobre a qual opera comparativa ou contrastivamente. Nessa operação, podem ocorrer determinadas projeções metafóricas e/ou metonímicas, nas quais noções graduais fundamentadas na concretude (como as de tamanho, dimensão, volume, altura, distância, peso) ou em ocorrências físicas e/ou psicologiamente impactantes são mapeadas na graduação de conceitos mais abstratos, de valor (inter)subjetivo.

Vale salientar que, sob essas circunstâncias, o grau exibe certa variedade nocional, a qual pode ser escalonada e perspectivizada conforme o ponto de vista (ou viés) adotado pelo falante/escrevente, considerando as necessidades e os propósitos comunicativos em jogo. Nesse sentido, na atribuição de gradualidade, articulam-se fatores de natureza semântico-cognitiva e discursivo-pragmática mediados pela linguagem. No capítulo seguinte, discorremos sobre o modo como a expressão (ou codificação linguística) do grau se manifesta no atendimento a esses fatores.

Capítulo 4

Aspectos formais do grau

Os recursos linguísticos através dos quais o grau se expressa são amplos e variados, estendendo-se desde os mais convencionalizados até os mais inovadores. Neste capítulo, portanto, nossa atenção se volta para a caracterização das formas mais recorrentes de codificação do grau.

Estamos conscientes, entretanto, de que o detalhamento apresentado aqui está longe de esgotar o extenso leque de realizações e de possibilidades expressivas desse fenômeno. Em todo caso, de um modo geral, as noções graduais se configuram, em boa medida, conforme o que se explicita a seguir.

4.1 NO PLANO FONÉTICO

Estabelece-se pela utilização de determinados recursos sonoros, em que se alonga e/ou se imprime maior tonicidade/reforço a um dado componente da fala. Outro recurso acústico é o que Cagliari (apud Gonçalves, 2003) chama de *"fala silabada"*, na qual o falante produz a escansão de sílabas com função graduadora.[1] Observemos esses recursos nos seguintes dados:

(1) Rafael Alencar, o astro brasileiro do cine erótico internacional, mostra o seu **enoooorme** *"talento"*. (Manchete de capa. *G-Magazine*, set. 2003)

(2) Adoro ele [Thiago Lacerda], que ele é lindo demais, que é **GA-TÉ-SI-MO**! (GONÇALVES, 2003, p. 50)

No excerto 1, temos o alongamento silábico (*enoooorme*); no 2, encontramos a silabação e o reforço sonoro em GA-TÉ-SI-MO.

4.2 NO PLANO MORFOLÓGICO

Realiza-se por meio da afixação (prefixos e/ou sufixos) marcadora da noção de grau. No português, entre os prefixos, temos, por exemplo, *super-*,[2] *hiper-*, *mega-*, *ultra-*; quanto aos sufixos, encontramos os tradicionais *-íssimo*, *-ílimo* e *-érrimo*, o mais recente *-ésimo*, além de outros também muito comuns, tais como *-ão*, *-inho*, *-ria*, *-eiro*, *-eira*, *-dor* etc. Eis as amostras:

(3) [...] sou da antiga, prefiro estudar. Quando não dá pela noite eu me levanto **tri**cedo e me arranjo com café. (*Corpus D&G/RG*, p. 29)

---

1. A respeito dessa questão observamos que há casos — se bem que mais raros — em que o falante soletra apenas a última sílaba, numa tentativa de conferir reforço intensivo a um determinado conteúdo. Um exemplo disso é "Esta e muitas outras ofertas pra você, só o Boa Esperança tem. *Duvido* você encontrar precinho mais barato em outro lugar, **duvi--d-ó-dó**!" (Propaganda em carro de som, do Supermercado Boa Esperança. Parnamirim/RN, 3 maio 2008).

2. Em muitos casos, *super* não é tomado como prefixo, mas como um advérbio, mais ou menos equivalente a *muito*, *bastante*, *demasiadamente* ou similares, como se pode ver em expressões do tipo **super** *bem*, **super** *à vontade*. Quanto a isso, ver Silva (2001).

(4) A grande dama da noite foi Meimê dos Brilhos, que segurou o público, sempre *telentosésima* [...]. *Belíssima*, Dos Brilhos levantou a galera *carentérrima* de um show à altura. (GONÇALVES, 2003, p. 56)

Por essas amostras, vemos que a atribuição de grau processou-se por meio da afixação: em 3, através do prefixo *tri*-; em 4, recorreu-se aos sufixos -*ésima*, -*íssima* e -*érrima*.

4.3 NO PLANO LEXICAL

Quando o grau se mostra através do próprio lexema, isto é, quando o item lexical em si já exprime graduação. As classes de palavras cujos conteúdos podem, em si mesmos, expressar noção graduadora são:

a) **substantivo**: chuva < *temporal*, medo < *pavor*, raiva < *ódio*, desejo < *tara*;
b) **adjetivo**: bonito < *lindo*, pobre < *miserável*, bravo < *furioso*, frio < *gelado*;
c) **verbo**: pedir < *implorar*, falar < *tagarelar*, gastar < *esbanjar*, abrir < *escancarar*;
d) **advérbio**: *muito*, *bem*, *bastante*, *mais*, *demais*, *demasiadamente*, *tão*, *tanto*.

Podemos conferir esse fenômeno nestes recortes textuais que seguem:

(5) [...] o filme do Intercine vai ser um **HOrror**!... Não gosto muito de filmes de terror. De aventura, eu realmente **Adoro**, mas de terror eu **DEtesto**. (GONÇALVES, 2003, p. 48)

(6) [...] só para esse tipo de crime **hediondo**... essas coisa **bárbara**... **bárbara** *mesmo*... que deveria ser adotada a pena de morte... (*Corpus D&G/Natal*, p. 383)

No primeiro caso, as palavras *HOrror* quer dizer, mais ou menos, *muito ruim/desagradável*; *Adoro* é relativamente igual a *gostar imensamente*; e *DEtesto* poderia traduzir-se por *ter grande aversão, abominar*. No segundo, *hediondo* e *bárbara* equivalem a *extremamente violento(a)/cruel*.

Devemos mencionar, com relação a essa questão, o que já foi assinalado por Cruzeiro (1973): palavras que normalmente não exprimem grau podem ser convocadas especialmente para esse fim, em um dado contexto, amparadas por alguma similaridade e/ou por contiguidade nocional. Prestemos atenção aos seguintes excertos textuais:

(7) [...] ah, isso não: o vagabundo
ficará mofando lá fora
e leva no boletim **uma galáxia** *de zeros*.
(ANDRADE, C. D. de. Portão. *Menino antigo*. Rio de Janeiro: Livraria José Olympio, 1973. p. 49)
(8) Nadia [Comaneci], que vive nos Estados Unidos desde que fugiu da Romênia comunista, em 1989, virou um monumento ao silicone: busto de *dimensões* **olímpicas**, lábios **idem** [...] (*Veja*, 26 abr. 2006, p. 91)

Note-se que *galáxia*, no trecho 7, não é costumeiramente tomada como um elemento graduador. No entanto, por transferência analógica, visto que essa palavra engloba em seu conceito a ideia de uma formação sideral com bilhões de corpos celestes de forma arredondada, é aproveitada para exprimir a noção gradual da enorme quantidade de zeros no boletim.

O caso 8 reflete uma ocorrência de grau por associação co(n)textual. Explicando: como o assunto do texto gira em torno dos exagerados implantes de silicone de Nadia Comaneci (a ex-campeã romena de ginástica olímpica) e por ser a olimpíada o maior evento multiesportivo do planeta, estabelece-se, assim, o nexo por contiguidade e similaridade semânticas entre esta e as dimensões avantajadas do busto e dos lábios siliconados da ex-atleta, expresso pelo adjetivo *olímpicas*, que, comumente, também não é visto como graduador.

4.4 NO PLANO SINTÁTICO

A conceitualização do grau revela-se mediante determinados arranjos sintagmáticos ou certas construções oracionais. Nesse aspecto, são comuns, por exemplo, combinações de termo ou expressão graduador(a) + substantivo/adjetivo/verbo/advérbio ou uma dessas classes lexicais acompanhada de/inserida numa oração ou período de caráter gradual. Verifiquemos isso nos fragmentos textuais a seguir:

(9) [...] mas ele... minha filha... ganha **super** *mal*... (*Corpus D&G/Natal*, p. 264)

(10) [...] e nesse instante arremessei a bola **o mais** *longe* **que pude**... (*Corpus D&G/RG*, p. 20)

Por essas amostras, podemos constatar que a noção de grau processou-se através de diferentes codificações sintáticas. No caso, em 9, temos a combinação de um elemento graduador com o item graduado <u>super</u>+*mal*; em 10, tal fenômeno se evidencia mediante o uso da sentença intensificadora *o mais... que pude*.

Existem, ainda, outras formações sintáticas já um pouco comuns de exprimir o grau. Entre elas, podemos apontar a repetição/redundância de termos e/ou de locuções, que podem ser idênticos(as) ou parafrásticos(as), numa espécie de reforço/ênfase. Isso é ilustrado através dos casos que seguem:

(11) Ah::... o tempo **horrível**... **horrível**... **horrível**... **horrível**... (Corpus D&G/RG, p. 3)

(12) [...] é um lugar **super restrito**... **super reservado**... **bem meu mesmo**... (Corpus D&G/RJ, p. 57)

Note-se que, em 11, ocorre a redundância lexical do adjetivo *horrível*; em 12, empregou-se a repetição parafrástica em tom enfático: *super restrito/super reservado/bem meu mesmo*.

4.5 NO PLANO TEXTUAL

Nesse recurso, não se utilizam os modelos convencionais de expressão do grau. Em vez disso, este se encontra distribuído em um dado segmento textual, estando, portanto, indireta e implicitamente sinalizado, conforme já demonstrado no item 3.2.6.4.2 (Sequencial) do capítulo anterior (Aspectos funcionais do grau). Esse modo de expressão consiste no que se explicita a seguir.

4.5.1 Reiteração

A noção gradual é demonstrada por meio da repetição enfática da mesma ideia ao longo de uma sequência do texto.[3] Os fragmentos textuais seguintes comprovam tal estratégia.

---

3. Nos estudos literários/estilísticos tradicionais, essa estratégia é vista como um caso de *"figura de sintaxe/construção"* (i.e., formas de *paralelismo sintático*), distinguido como

(13) [...] a atriz Juliana Paes **fumou**, torceu, **fumou**, gritou, **fumou** e até chorou na partida entre Brasil e Japão em Dortmund, na Alemanha [...] (*Veja*, 28 jun. 2006, p. 79)

(14) Tudo foi dado a eles: ***o sacrifício*** de direitos, ***o sacrifício*** de milhões de empregos, ***o sacrifício*** de incontáveis empresas brasileiras, ***o sacrifício*** da legitimidade do congresso, ***o sacrifício*** do patrimônio nacional, ***o sacrifício*** da Constituição. E eles quebraram o país [...] (FREITAS, J. de. *Folha de S.Paulo*, 17 fev. 1998)

No fragmento 13, pela repetição do verbo *fumou*, pode-se inferir que o locutor pretende, além de demonstrar a intermitência dessa ação em meio a outras, também significar a intensidade de sua ocorrência. No caso 14, a insistência enfática do termo *o sacrifício* no início de cada sequência nominal aponta para a intensidade dessa noção, como reforço argumentativo, em contraste com o resultado decepcionante expresso em *eles quebraram o país*.

4.5.2 Gradação discursiva

De acordo com o que já foi demonstrado, essa forma de sinalização do grau se processa ao longo (de uma porção) do texto, em tom crescente (gradação aumentativa) ou decrescente (gradação diminutiva). Por tal forma de sinalização, é possível perceber que a graduação ocorre à medida que o texto prossegue. Os excertos textuais a seguir evidenciam ainda mais essa estratégia.

---

anáfora (sempre no início do(a) verso/frase) e *iteração/reiteração* (aleatoriamente ao longo do texto). Contudo, não se considera seu valor intensivo e discursivo (BARROS, 1985).

(15) Quero que todos *os dias da vida*
Todos *os dias do ano*
De *meia em meia hora*
De *cinco em cinco minutos*
Me digas: Eu te amo.
(ANDRADE, C. D. de. *Quero*. Disponível em: <http://letras.mus.br/carlos-drummond-de-andrade/1005567>. Acesso em: 10 jan. 2008)

(16) Bandas de Rock que não se toleram
Eu te *odeio* — Eagles. Principais brigas: nos tribunais.
Te *odeio muito* — Black Sabbath. Principais brigas: no estúdio [...] o grupo se enfrenta a tapas.
Te *odeio demasiadamente* — The Who. Principais brigas: [...] o péssimo costume de se atracar no palco.
Te *odeio até morrer* — Ramones. Principais brigas: no palco, no estúdio, no banheiro [...] morreram sem voltar a se falar.
(MARTINS, S. Tropa de elite. *Veja*, 5 dez. 2007. p. 228-29)

Na amostra 15, a distância temporal da confissão de amor solicitada vai gradativamente decrescendo, numa representação inversamente proporcional à intensidade do amor aí insinuada. Assim, percebe-se que, através da gradação quantitativa para menos (*os dias da vida* > *os dias do ano* > *meia em meia hora* > *cinco em cinco minutos*), o locutor deseja imprimir reforço intensivo em tom escalar, distribuído ao longo do segmento textual, à ideia de necessidade cada vez mais urgente e constante de ouvir a declaração de amor.

No excerto 16, percebe-se com mais nitidez ainda a escala em direção crescente quanto à intensidade do *ódio* na comparação entre as bandas de rock. Quer dizer, o grau de ódio e a gravidade das brigas vão se intensificando para mais a cada banda de rock mencionada. Assim, a intensificação se configura partindo do simples *odeio*, daí estendendo-se para *odeio muito*, depois *odeio demasiadamente*, até chegar ao ponto máximo *odeio até morrer*. Tal escalaridade intensiva se esclarece, ainda, nos tipos de *brigas* correspondentes ao grau do *ódio*: vai das mais civilizadas (*nos tribunais*) aos casos mais violentos de agressão corporal em qualquer lugar.

Portanto, vê-se que a atribuição de grau não se localiza apenas num item conceitual específico. Em vez disso, dilui-se ao longo de um segmento textual mais extenso, de modo escalar, através do qual se procura graduar um determinado conteúdo.

A variedade de formas pelas quais se expressa a noção gradual, perpassando todos os planos da língua (inclusive o textual), de certo modo, revela um dos pressupostos assumidos pela LFCU: a perspectiva gradiente da relação léxico-gramática (BYBEE, 2010), com o reconhecimento de haver zonas difusas, de mesclagem/superposição entre ambos os domínios. O tópico a seguir ilustra parcialmente essa questão.

4.6 FUSÃO DE DIFERENTES PLANOS DE EXPRESSÃO

É bastante comum, no recurso ao grau, a coocorrência superposta de formas diversificadas de expressão graduadora pertencentes a planos linguísticos distintos, numa espécie de "redundância intensificadora", imprimindo-se mais ênfase/maior reforço significativo ao conteúdo informado. Tal estratégia é utilizada com o fim de tornar esse conteúdo mais saliente e lhe conferir certa importância discursiva. Temos, assim, um recurso icônico de se tentar aproximar a sobrecarga formal ao superencarecimento conceitual e seu correspondente realce/maior valor comunicativo (Lakoff e Johnson, 1999; Silva, 2000). A seguir, apresentamos algumas das estratégias mais recorrentes.

(17) [...] o filme do Intercine vai ser um **HOrror**!... Não gosto muito de filmes de terror. De aventura, eu realmente **Adoro**, mas de terror eu **DEtesto**. (In: Gonçalves, 2003, p. 48)

Nessa amostra, tanto o substantivo *HOrror* como os dois verbos utilizados *Adoro* e *DEtesto* exprimem conteúdo intensivo em si mesmos: *horror* é relativamente similar a *péssimo*, ou *imensamente desagradável*; *adorar* e *detestar* significam, respectivamente, *gostar/apreciar demasiadamente* e *ter enorme desprezo/aversão*. Todavia, tais conceitos encontram-se incrementados pelo acento silábico, o que lhes atribui tonalidade intensiva redobrada. Desse modo, tem-se a combinação item lexical e recurso fonético.

(18) É você olhar no espelho
Se sentir um **grandessíssimo** *idiota*.
(Seixas, R. In: *Nova história da MPB*. São Paulo: Abril, 1978)

Nesse excerto, apenas o adjetivo *grande* bastaria para indicar a intensidade do atributo *idiota*, porém, com o acréscimo do sufixo *-íssimo* duplicado em *grandessíssimo*, a ideia intensiva foi reforçada consideravelmente. Temos, assim, a combinação item lexical e processo morfológico.

(19) [...] olhou para ele e **bem alto berrou**: Está amarrado em nome de Jesus!... (*Corpus D&G/RJ*, p. 43)

Nesse trecho, o verbo *berrou*, por si só, já exprime a noção de *grito exagerado/gritar a plenos pulmões*. Acompanhado da forma adverbial, também intensificada, *bem alto*, resultou num conceito gradual ainda mais acentuado. Nesse caso, combinam-se item lexical e processo sintático.

(20) A loja de roupa, tinha que ver... **CHIquééééérrima!** (GONÇALVES, 2003, p. 50).

Nessa ocorrência, conjuga-se o sufixo graduador *-érrima*[4] com uma marca de reforço acústico (alongamento silábico). Com isso, tem-se a combinação recurso fonético e processo morfológico.

(21) [...] cheguei no outro dia de manhã **bem cedinho**... (*Corpus D&G/Natal*, p. 105)

Nesse caso, temos o redobro intensivo, evidenciado ao mesmo tempo nas formas intensificadoras adverbial *bem* e sufixal *-inho*. Essa estratégia representa a combinação dos processos morfológico e sintático.

(22) Diz Mariah [Carey]: "Inventei uma cantora chamada Mimi Stonegroove. A carreira dela vai **muuuuito** *bem*". (MARTINS, S. *Veja*, 1º jul. 2005, p. 122)

Nesse excerto textual, verificamos composições sintáticas demonstrativas de grau acrescidas do componente fonético, também de valor intensivo — o alongamento silábico no próprio elemento intensificador *muito*. Desse modo, conjugam-se o recurso fonético e a construção sintática.

---

4. Quanto a esse caso, os sufixos *-íssimo*, *-ílimo*, *-érrimo* e *-ésimo* aparecem como os mais representativos desse fenômeno, uma vez que, além de exprimirem conteúdo intensivo, trazem também em si um certo peso sonoro, presente em sua acentuada forma tônica proparoxítona.

(23) [...] a Ainá... passou um tempo fora... estava **branqui::nha...
bem branqui::nha**... com aquele biquíni europeu... (*Corpus
D&G/RJ*, p. 41)

Nesse recorte textual, encontramos, pelo menos aparentemente, três contribuições formais para expressar o grau: trata-se do prolongamento silábico em *branqui::nha*, da repetição dessa forma (*branqui::nha... branqui::nha*), acompanhada do reforço adverbial *bem*.[5] Verifica-se, assim, a superposição de mais de dois recursos expressivos (fonético, morfológico e sintático) em uma mesma construção de natureza gradual.

Todas essas combinações são tentativas de os locutores imprimirem reforço/ênfase à conceitualização de grau. Tais estratégias, como já afirmamos, têm o objetivo de tornar o conteúdo informado semanticamente mais expressivo e cognitivamente mais saliente e, assim, contribuir para destacar algo que é considerado discursiva e pragmaticamente relevante. Neste ponto, cabe destacar a relação icônica entre conteúdo e expressão do grau, o que será feito no tópico a seguir.

4.7 A ICONICIDADE NA EXPRESSÃO DO GRAU

Dizer que, nos processos de graduação, revela-se a transparência icônica entre conteúdo e expressão (na tentativa de "imitar", através da forma, a ideia de grau) não é algo novo. Aliás, isso já foi demonstrado em Silva (2000) com relação às construções não canônicas do superlativo absoluto, entre elas,

---

5. Poder-se-ia também considerar, nesse caso, o sufixo -*inho* como coparticipante intensivo na expressão de grau. Porém, já que se encontra vinculado a um conceito de cor, seria discutível uma afirmação categórica quanto a isso. Nesse caso, esse sufixo parece estar relacionado à noção do grau afetivo.

por exemplo: *ô bicho feio danado*; *linda, linda, linda, linda*; *super bem formal*; *muito avançado demais*. No tocante a esse fenômeno, verificamos que, na tentativa de exprimir ou mesmo enfatizar uma noção superlativa, os locutores recorrem a determinadas estratégias pouco comuns de alongamento/reforço formal, espelhando assim a motivação cognitiva existente entre o conceito de grau e sua expressão.

De fato, em razão de o grau significar acréscimo nocional a um determinado conteúdo, é de se esperar que esse acréscimo seja sinalizado de algum modo pela adição correspondente de uma forma de codificação, de acordo com o princípio icônico da quantidade, defendido em Haiman (1980), Givón (1984), Croft (1990), entre outros.

Sobre esse princípio icônico mais especificamente relacionado ao conceito do grau, Lakoff e Johnson (2002, p. 221) também se pronunciaram, afirmando o seguinte:

> MAIS FORMA É MAIS CONTEÚDO.
> [...] Esperamos, entretanto, que algumas espacializações metafóricas da língua ocorram em todos os idiomas e, mesmo que os detalhes sejam diferentes, não seria surpreendente encontrar essas correlações de quantidade.
> Um exemplo em inglês de MAIS FORMA É MAIS CONTEÚDO é a iteração:
> **Ela correu e correu e correu e correu.**
> Que indica mais corrida do que simplesmente
> **Ela correu**.
> [...]
> O alongamento de uma vogal pode ter o mesmo efeito. Dizer
> **Ele é gra-a-a-a-ande!**
> Indica que o referente é maior do que se dissermos apenas:
> **Ele é grande!** [destaques dos próprios autores]

A esse respeito, vejamos a seguinte amostra:

(24) [...] eles estão dando mui/ **pouquíssimas** *prioridades* pras escolas caren/ quer dizer... deveria ter **muito mais** *escolas*... **muito mais** *professores*... (*Corpus D&G/RJ*, p. 50)

Nesse excerto, o princípio icônico da quantidade, representando a relação *mais conteúdo = mais forma* se revela no fato de a conceitualização do grau estar codificada com, pelo menos, uma forma a mais, assinalando a tentativa de correspondência entre conteúdo e expressão (SILVA, 2000).

Ainda um outro aspecto da iconicidade referente a esses casos tem a ver com o princípio da integração. De acordo com esse princípio, conceitos que são intimamente relacionados/ integrados no plano do conteúdo também o são no plano da forma (HAIMAN, 1983; BYBEE et al., 1994). Nesse sentido, tal princípio se evidencia prevalentemente nas codificações de caráter morfológico e/ou sintático. Quer dizer, os morfemas graduadores (afixos e termos adjacentes) encontram-se estruturalmente agregados/próximos aos elementos por eles modificados.

4.8 CONTEÚDOS LEXICAIS VINCULADOS À NOÇÃO GRADUAL

De início, ratificamos a ideia de que o que de fato é graduado é o conceito subjacente à palavra ou expressão a que o conteúdo graduador se vincula; não o item lexical em si. Aliás, conforme se demonstrou, a noção gradual pode até ser expressa de modo indireto, não se vinculando necessariamente a uma categoria lexical ou a uma expressão verbal específica. Também não há relação obrigatória entre o conceito graduado e a classe gramatical do lexema a que se associa.

Por outro lado, reconhecemos a tendência para costumeiramente graduar-se uma noção referencial e esta ser codificada por um substantivo, ou de se atribuir grau a uma dada circunstância e esta vir expressa por um advérbio, e assim por diante. Os dados a seguir revelam a preferência em se codificar o grau de um elemento referencial, ou de uma propriedade, ou de um evento/uma ação, ou de uma circunstância, associando-o(a) à classe lexical que convencionalmente é utilizada para exprimir tal conceito.

4.8.1 Substantivos

(25) [...] uma outra equipe lá estava **a maior barulheira**... (*Corpus D&G/RJ*, p. 66)

(26) [...] eu acho que você faz com **muita competência**... com **muita competência mesmo**... (*Corpus D&G/Natal*, p. 153)

4.8.2 Adjetivos

(27) [...] o tempo **horrível... horrível... horrível... horrível**... (*Corpus D&G/RG*, p. 3)

(28) [...] deixo esse óleo ficar **bem quente... bem quente mesmo**... (*Corpus D&G/Natal*, p. 61)

4.8.3 Verbos

(29) [...] olhou para ele [o assaltante] e bem **alto berrou**: Está amarrado, em nome de Jesus!... (*Corpus D&G/RJ*, p. 43)

(30) [...] eu ***tava olhando*** pra ele ***demais***... aí eu ***olhava***... ***olhava***... ***olhava***... e ele também olhava... (*Corpus D&G/ Natal*, p. 355)

4.8.4 Advérbios

(31) [...] e nesse instante *arremessei* a bola ***o mais longe que pude***... (*Corpus D&G/RG*, p. 20)
(32) [...] cheguei no outro dia *de manhã* ***bem cedinho***... (*Corpus D&G/Natal*, p. 105)

4.8.5 Pronomes

(33) [...] eles estão dando mui/ ***pouquíssimas*** *prioridades* pras escolas caren/ quer dizer... deveria ter ***muito mais*** *escolas*... ***muito mais*** *professores*... (*Corpus D&G/RJ*, p. 50)
(34) [...] é um lugar super restrito... super reservado... ***bem meu mesmo***... (*Corpus D&G/RJ*, p. 39)

4.8.6 Locuções nominais

Às vezes, se bem que mais raramente, o grau pode vir associado a uma locução nominal com valor de item lexical, formando um todo conceitual, dada a indissociabilidade dos termos nela inter-relacionados. Isso pode ser observado nas amostras que seguem no que se refere às respectivas construções *à vontade* e *sem graça*.

(35) [...] me *deixou* ***bem à vontade***... e me explicou alguns trechos... (*Corpus D&G/Natal*, p. 101) — de caráter adverbial.

(36) [...] ele estava com outra pessoa na frente dela... aí... ela ficou super... constrangida... né? **super sem graça**... (*Corpus D&G/RJ*, p. 73) — de valor adjetival.

Por essas ocorrências, vê-se que a aplicação de marcas de grau não se restringe tão somente às categorias substantivo, adjetivo e advérbio, como tradicionalmente tem-se apresentado; também podem vir associadas a outras formas de expressão verbal. Cabe lembrar, ainda, que todos esses recursos expressivos servem apenas como guia (ou instruções) para a verdadeira noção gradual que se deseja significar; tampouco esgotam em si mesmos as possibilidades de sentido que essa noção permite compreender.

Vale observar que parece haver certa tendência ou restrição quanto ao uso de formas graduadoras — afixos ou palavras gramaticais — em relação a seu vínculo com determinada(s) categoria(s) lexical(is). Exemplo disso é o caso do sufixo *-ria*, que se combina apenas com substantivos; ou o caso dos graduadores *tão*, este associado apenas a adjetivos e advérbios, e *tanto*, modificador de substantivos e verbos. Outros se associam livremente a mais de uma categoria, a exemplo de *super*(-) e de *-inho*, atualmente articulados até com verbos.

No entanto, por razões pragmáticas, alguma(s) dessas formas pode(m) associar-se de modo bastante inusitado a um item com o qual não se relaciona convencionalmente, o que representa quebra de expectativa e certo destaque semântico-discursivo. Os trechos a seguir expõem esse fato.

(37) Com tanto *pedigree*, ela [Lala Rudge] cobra caro, bem caro, para falar de produtos que mostra, elogia e ***"suuuper" recomenda***. (*Veja*, 30 nov. 2011, p. 114)

(38) Chegando **correndinho**... pra desejar uma Feliz Páscoa a todos!!! (Disponível em: <http://www.fotolog.com.br/odetebuffe/22655884>. Acesso em: 5 out. 2011)

Na ocorrência 37, tem-se o uso inusitado do intensificador *super* atribuído ao verbo *querendo*, significando, mais ou menos, *querendo muito/bastante*. Quanto a *correndinho*, em 38, tem-se a formação de um verbo no "diminutivo" com o sufixo *-inho* (uma combinação fora do "normal"), em que este dá a ideia da ação *correr* realizada de forma um tanto curta e rápida.

Desse modo, esses fenômenos atestam, em certa medida, não apenas o poder de criatividade surpreendente dos usuários da língua, mas também um dos postulados basilares da LFCU quanto ao caráter relativamente maleável e irregular da estrutura linguística, o que a torna, por vezes, imprevisível.

4.9 NÍVEL DE INTEGRAÇÃO DE AFIXOS GRADUADORES

Nos processos de afixação designativa de grau, observa-se gradiência no nível de integração do afixo à base lexical a que se vincula. Quer dizer, na trajetória de formação de palavras com afixação de grau, alguns afixos parecem exibir maior conectividade com o radical, a ponto de ambos serem vistos como um todo inseparável. Esses casos revelam a aparente impossibilidade de separação entre radical e afixo (perda de analisabilidade), em razão de estes já comporem uma unidade lexical (BYBEE, 2010). Comparem-se as seguintes ocorrências:

(39) A ***hipertensão*** arterial, mas popularmente chamada de "pressão alta", está relacionada com a força que o coração tem que fazer para impulsionar o sangue para o corpo todo. No entanto, para ser considerado ***hipertenso***, é preciso que a pressão arterial, além de mais alta que o normal, permaneça elevada. (Disponível em: <http://www.saudevidaonline.com.br/hipert.htm>. Acesso em: 9 out. 2011)

(40) Voltei na segunda de manhã às 6:00hs e cheguei às 13:00hs em Joinville **hipercansado**. (Disponível em: <http://www.cpdee.ufmg.br/~celso/fotografias/CxdoSul2005.htm>. Acesso em: 9 out. 2011)

Comparando-se essas ocorrências, pode-se ver que, em 39, o prefixo *hiper-* forma com *tensão* e *tenso*, respectivamente, um todo conceitual, o que possibilita afirmar que, em ambos os casos, tal prefixo lexicalizou-se, sendo um componente indissociável da base, com alto grau de integração em relação a esta. O mesmo não se pode dizer desse prefixo em 40, visto que sua relação com a base lexical *cansado* é de acréscimo acidental; portanto, seu nível de integração com esta é mais atenuado.

4.10 ESPECIFICIDADES DE REGISTRO DE FORMAS GRADUADORAS

Há formas graduadoras mais características de um dado grupo social, as quais Gonçalves (2003) denomina "indexadores". Esses elementos indiciam um modo particular de expressão (ou registro) de um segmento social específico, revelando diferenças de região, de gênero, de faixa etária, entre outras. Vejamos as seguintes ocorrências:

(41) [...] sou da antiga, prefiro estudar. Quando não dá pela noite eu me levanto **tricedo** e me arranjo com café. (*Corpus D&G/RG*, 1996, p. 29)

(42) O cara vive soltando a franga. Lá na Faculdade, ele vai todo afetado dizendo pras meninas: (mudança de voz, com trejeitos) "Aí eu cheguei **ar-ra-san-do**, de salto, **chiquésima**, **elegantérrima**, **ma-ra-vi-lho-sa**" (risos). (GONÇALVES, 2003, p. 54)

A forma de intensificação exibida em 41, com uso do prefixo intensivo *tri-*, parece ser um estilo característico da fala gaúcha, conforme atestado em Silva (2009). Quanto aos sufixos *-ésima* e *-érrima* e à intensificação silabada em *ar-ra-san-do* e *ma-ra-vi-lho-sa*, encontrados em 42, são mais comuns na fala de gays, travestis e mulheres do tipo "perua", segundo informa Gonçalves (2003).

Ainda quanto a certas particularidades de expressão graduadora, segundo Heine (1997), os conceitos e sua simbolização linguística são criados, mantidos, modificados ou mesmo substituídos em íntima dependência do ambiente sociocultural e interacional em que se dão. Isso equivale a dizer que, não obstante haver um conjunto limitado de esquemas cognitivos relativamente comuns na formulação de um dado conceito, como é o caso do grau, características particulares do grupo social e do evento comunicativo em que é manipulado desempenham um papel determinante na seleção conceitual e em sua consequente formatação linguística. Uma amostra desse fato pode-se ver nos excertos que seguem.

(43) É *uma estupidez* **himalaica** culpar defensores dos direitos humanos pelos atentados [...] (Petry, A. Eles não passarão. *Veja*, 31 maio 2006, p. 48)

(44) RUPERT EVERETT, 48 anos, ***assumidérrimo***, no papel da diretora Camilla Fritton... (Coluna social Gente. *Veja*, 19 dez. 2007, p. 135)

Em 43, o autor se refere à extrema intensidade da *estupidez* através do atributo *himalaica*. É bastante provável que a "escolha" pela expressão desse conceito nesses termos seja em razão de se encontrar num artigo de opinião de uma revista (*Veja*) dirigida a um público de maior repertório informativo, coisa que dificilmente teria ocorrido caso se tratasse de um gênero discursivo envolvendo interlocutores com formação cultural mais "limitada" em uma interação mais descontraída.

Semelhantemente, em 44, o uso da forma intensiva *assumidérrimo*, com esse tipo de sufixo (*-érrimo*), explica-se, ao menos aparentemente, em primeiro lugar, por se encontrar num texto cujo gênero (coluna social) tende para a utilização de uma linguagem mais despojada, uma vez que o locutor se atém mais a informações "amenas" sobre a vida de celebridades, de modo bastante informal. Depois, sobretudo pelo fato de tratar de um ator (*Rupert Everett*) que assume a personagem de uma figura feminina (a *diretora Camilla Fritton*), o que levou o jornalista a adotar, imitativamente, um estilo linguístico mais próprio do homem que exibe um comportamento afeminado.

Em linhas gerais, o que podemos concluir a respeito da expressão do grau é que esta se processa no fato de o locutor procurar estabelecer uma relação icônica entre forma e função. Assim, a manifestação verbal da gradualidade está, de certo modo e em alguma medida, vinculada a um conjunto de fatores semânticos, cognitivos, discursivos e sociopragmáticos que, em última instância, interferem em sua configuração formal. Entre esses fatores, podem ser citados, por exemplo, a noção do grau em si — incluindo o enquadre sob o qual este é conceitualizado —, a natureza do evento de fala, o perfil/a imagem social dos parceiros de interação, o gênero discursivo, o nível de (in)formalidade do discurso e até particularidades do ambiente cultural.

Considerações finais

O exame realizado neste livro a respeito da expressão do grau no português, em diversas situações de língua em uso, pode ser resumido, *grosso modo*, nos pontos explicitados abaixo.

O grau não se limita tão somente a uma questão de natureza semântica e linguística. Na verdade, trata-se de um fenômeno conceitual-discursivo calcado, antes de tudo, na experiência com o mundo físico e social, integrando cognição, língua, cultura e interação.

As noções graduais não se voltam apenas para conteúdos estritos, tampouco estão circunscritas a categorias linguísticas individuais cuja significação encerra-se em si mesma, conforme nos faz crer a maioria das abordagens existentes. Diferentemente dessa perspectiva, assumimos a ideia de que tais noções independem em parte de itens lexicais específicos e podem mesmo se espraiar ao longo de um segmento textual além das fronteiras sintagmáticas.

Na atribuição de gradualidade, em alguns casos, opera-se um dado recorte conceitual através do qual se formula um certo enquadre do objeto graduado, resultando no estabelecimento de uma espécie de (sub)categoria conceitual. Significa que, ao se graduar um determinado conteúdo, este é redimensionado em uma outra configuração conceitual/representação mental específica. Contudo, tal operação contudo processa-se sob o crivo da negociação interativa, a fim de que seu significado e função discursiva sejam eficazmente reconhecidos na interlocução.

A manifestação verbal dessa categoria conceitual configura-se a partir de uma certa perspectiva adotada pelo locutor, podendo constituir-se em um viés favorável (positivo) ou desfavorável (negativo) em função dos propósitos discursivos em jogo. Trata-se, portanto, do que se pode chamar de *focalização discursivo-pragmática* do conteúdo semântico informado.

Sendo o grau um processo semântico-discursivo em que o locutor apresenta um dado conteúdo a partir de uma certa perspectiva, poder-se-ia concluir que se trata de um procedimento unicamente calcado na subjetividade do informante, conforme defende Gonçalves (2007). Entretanto, embora se deva admitir que haja um forte teor de ingerência subjetiva na conceitualização do grau, é conveniente lembrar que tal subjetividade forma-se primordialmente a partir da construção coletiva da experiência. Nesse sentido, as noções graduais são, em muitos casos, resultantes de um ponto de vista intersubjetivo/cultural sobre um determinado estado de coisas.

Os conceitos graduados adquirem não apenas relevo semântico, no sentido de possuírem um "colorido" nocional mais acentuado, mas também saliência discursiva. Disso resulta a constituição de um componente discursivo mais contrastivo em relação a outro(s), o que o torna cognitiva e comunicativamente mais relevante para o interlocutor.

Pelo recurso ao grau, em muitos casos, procede-se à sinalização de informações implícitas, deixando ao interlocutor a operação de determinadas inferências, importantes para a atribuição de sentido desejada na interação.

Operadores de noção gradual são, em certa medida, corresponsáveis pela instauração de nexos coesivos e do fluxo informacional do texto/discurso (seja para retomar/recuperar ou para antecipar/avançar determinado conteúdo). Desse modo, constituem-se participantes com papel crucial na construção e/ou na manutenção da rede textual e da coerência discursiva.

Dado o papel de colaboradores não apenas na manifestação de conteúdo semântico, mas também no estabelecimento da sequenciação informacional, os recursos graduais auxiliam na formulação de um raciocínio, a partir de certa perspectiva, em direção a um desfecho/conclusão pretendido(a). Nesse sentido, atuam como suporte retórico e orientador argumentativo, com consequente realinhamento da informação pragmática do interlocutor e tentativa de interferência em seu mundo de crenças.

Na formulação do conteúdo gradual, os usuários da língua lançam mão de estratégias de significação e de recursos sinalizadores (ou modos de expressão) desse conceito, conforme certas demandas e particularidades do contexto comunicativo. Sob essas condições, podem recorrer a modelos convencionais ou a formas inusitadas de codificação. Assim, a configuração do grau revela, em certos casos, não apenas os limites incertos entre léxico e gramática como também a relativa instabilidade do sistema linguístico.

Diversas manifestações do grau indiciam peculiaridades de dado grupo social ou refletem certa(s) escolha(s) de registro do falante/escrevente, conforme demandas do contexto de interação. Podem também apontar para o grau de aproximação/distanciamento social e relações de poder entre os interlocutores ou, ainda, revelarem propriedades específicas de um determinado gênero de discurso. Sob essa ótica, na atribuição de grau a algum conteúdo referencial, evento ou estado de coisas, abarcam-se aspectos objetivos e/ou (inter)subjetivos.

Portanto, é com base nesses aspectos que podemos admitir ser o recurso ao grau um fenômeno em cuja formação e delineamento expressivo coatuam fatores/motivações de caráter semântico-cognitivo e discursivo-interacional. Essa constatação reforça um dos pressupostos caros à LFCU: o de que o estudo da forma linguística deve necessariamente ancorar-se em seu(s) uso(s).

Pelo que foi visto neste livro, o grau é um fenômeno conceitual e discursivo bastante recorrente na interação verbal, tanto na fala como na escrita, considerando-se a quantidade e a variedade de formas nas mais diversas manifestações textuais. Em razão de sua produtividade e valor comunicativo, advogamos que tal fenômeno não deve ser mantido como tema inferior e periférico nos estudos da língua e do discurso. Ao contrário, as evidências empíricas do recurso ao grau na interlocução apontam não apenas para a necessidade de torná-lo um importante foco de interesse, mas também de promover um redimensionamento de sua abordagem em sala de aula.

Desdobramentos do tema

Em razão da proposta alternativa para o estudo do grau feita neste livro, consideram-se como desdobramentos desse tema as implicações e possibilidades de seu tratamento nos níveis básicos de ensino. Assim, partindo-se do pressuposto de que os manuais didáticos de língua materna, em geral, tendem a seguir de perto o que se encontra estabelecido pela tradição gramatical, conforme se atesta em Silva (2009), apresentam-se aqui alguns encaminhamentos para o trabalho acerca do grau em sala de aula.

Evidentemente, não se trata de fornecer uma receita para as ações do professor a esse respeito, mas tão somente uma tentativa de orientá-lo no sentido de promover atividades que propiciem aos alunos a aquisição de conhecimentos e o aprimoramento de práticas de leitura e escrita mais sintonizados com os usos efetivos da língua nos mais variados contextos de interação comunicativa. Entre as sugestões de encaminhamentos, algumas já levantadas por Gonçalves (2007), apontam-se as que seguem.

Distinguir os diferentes tipos de grau (*dimensivo*, *quantitativo*, *intensivo*, *hierárquico*, *avaliativo* e *afetivo*), considerando as diversas estratégias linguístico-textuais para sinalizá-los.

Observar em que gênero(s) de discurso há maior ou menor tendência para o recurso ao grau bem como qual(is) o(s) tipo(s) mais recorrente(s) nesse(s) gênero(s), procurando identificar as possíveis explicações para isso.

Atentar para a diversidade de nuances e matizes semânticos envolvidos nas variadas conceitualizações do grau, com base na variedade de configurações formais utilizadas.

Examinar aspectos da coerência textual-discursiva estabelecidos através do recurso ao grau.

Inferir informações e intenções outras (de caráter persuasivo, injuntivo etc.) decorrentes do uso de determinados conteúdos graduados.

Perceber a relação entre as manifestações dos recursos graduadores associados à variação sociodialetal e de registro contextualmente motivado.

Testar a leitura e/ou a reprodução de texto(s) retirando as atribuições de grau existentes e discutindo o quanto esse procedimento pode(rá) afetar o conteúdo semântico dos componentes textuais, tanto no plano mais local como no discurso como um todo. Isso mostrará o valor funcional desse conceito na composição informacional e na intencionalidade discursivo--pragmática do texto.

Retextualizar um gênero discursivo em outro, checando a validade dos recursos graduais nessa mudança bem como a adequação das formas linguísticas utilizadas.

Analisar criticamente as próprias produções textuais, mais particularmente no que se refere ao emprego de noções graduais, avaliando tanto a funcionalidade semântica e discursivo--pragmática destas como também os recursos verbais utilizados em sua codificação.

Ao se colocar em prática alguma(s) dessas sugestões, devem ser considerados o nível de ensino e a faixa etária em que os alunos se encontram. Esse cuidado se justifica pela possibilidade de haver casos nos quais há turmas que, embora se encontrem no mesmo nível escolar, possuem faixas etárias distintas e/ou necessidades particulares, como muitas vezes acontece. A constatação desse fato deve(rá) interferir na seleção dos gêneros a serem trabalhados bem como nos procedimentos didáticos, nas atividades desenvolvidas, entre outras variáveis.

Salientamos ainda que tais encaminhamentos não se esgotam aqui. O professor poderá adotar outras práticas que facilitem e favoreçam o alcance dos objetivos quanto à aprendizagem e ao uso eficiente das variadas noções graduais no discurso.

Lendo mais sobre o tema

Existem alguns trabalhos que também tratam da temática do grau em português, já brevemente referidos na introdução deste livro. São estudos que fazem recortes específicos dessa questão a partir de perspectivas teórico-metodológicas variadas. Entre eles, podem ser apontados os que se encontram sucintamente descritos a seguir.

Processos de intensificação no português dos séculos XIII a XV, de Cruzeiro (1973), é uma obra de cunho predominantemente descritivo (mas não normatizador nem restrito aos padrões cultos), que nos fornece um panorama dos diversos recursos graduadores utilizados nesse período no português europeu.

A estrutura do superlativo absoluto sintético português, de Staub e Regueira (1973), constitui-se uma explanação eminentemente descritiva, que trata das origens etimológicas do sufixo superlativo erudito *-íssimo*, *-érrimo* e *-ílimo*. Nesse artigo, os autores discutem ainda a questão flexão/derivação quanto à categoria *grau*.

Sintaxe, semântica e pragmática das comparações emblemáticas e estruturas aparentadas, de Fonseca (1985), dedica-se a analisar a codificação e o funcionamento da comparação enfática. No texto, o autor procura conjugar fatores de ordem sintática, semântica e pragmática, no âmbito da Linguística da Enunciação.

Processos de intensificação prefixais na norma urbana culta de Salvador, de Lopes (2000), insere-se em um projeto de pesquisa maior sobre os mecanismos de intensificação na fala culta de Salvador/BA. O trabalho tem como objetivo específico identificar os fatores enunciativos e argumentativos subjacentes ao uso dos prefixos intensificadores, sob a ótica da Análise do Discurso.

A intensificação como mecanismo de avaliação implícita em narrativas orais, de Melo (2003), trata-se de um pequeno artigo, de orientação laboviana, enfocando a intensificação "não convencional" em narrativas orais como "*avaliação implícita*".

A função indexical das formações x-íssmo, x-érrimo e x-ésimo no português do Brasil, de Gonçalves (2003), é um trabalho que, situado no campo da Sociolinguística, intenta promover a interface entre prosódia, morfologia e pragmática, procurando estabelecer uma relação entre o sexo dos falantes e a escolha dessas formas intensivas.

Flexão e derivação: o grau, também de Gonçalves (2007), situa-se no campo da morfologia lexical, retomando a velha controvérsia flexão/derivação do grau no português.

Referências

ALMEIDA, N. M. de. *Gramática metódica da língua portuguesa*. 43. ed. São Paulo: Saraiva, 1999.

BARRETO, M. *Novos estudos de língua portuguesa*. 3. ed. Rio de Janeiro: Presença, 1980. (Col. Linguagem, v. 13.)

BARROS, E. M. de. *Nova gramática da língua portuguesa*. São Paulo: Atlas, 1985.

BASILIO, M. *Teoria lexical*. São Paulo: Ática, 1987. (Série Princípios.)

BECHARA, E. *Moderna gramática portuguesa*. 37. ed. rev. e ampl. Rio de Janeiro: Lucerna, 2001.

BECKNER, L. et al. Language is a complex adaptative system: position paper. *Language Learning*, v. 59, n. 1, p. 1-26, dez. 2009.

BYBEE, J. *Language, usage and cognition*. Cambridge: CUP, 2010.

_____ et al. *The evolution of grammar*: tense aspect and modality in the languages of the world. Chicago: UCP, 1994.

CÂMARA Jr., J. M. *Princípios de linguística geral*. 7. ed. rev. e aum. Rio de Janeiro: Padrão, 1989.

CARREIRO, C. P. *Gramática da língua nacional*. Rio de Janeiro: Jacinto Ribeiro dos Santos, 1917.

CEGALLA, D. P. *Novíssima gramática da língua portuguesa*. 48. ed. São Paulo: Editora Nacional, 2008.

CHAFE, W. L. Cognitive constraints on information. In: TOMLIN, R. *Coherence and grounding in discourse*. Amsterdam/Philadelphia: John Benjamins, 1987. p. 21-51.

CROFT, W. *Typology and universals*. Cambridge, United Kingdom: CUP, 1990.

_____; CRUSE, D. A. *Cognitive linguistic*. Cambridge: CUP, 2004. (Col. Cambridge Textbooks in Linguistics.)

CRUZEIRO, M. E. *Processos de intensificação no português dos séculos XIII a XV*. Lisboa: PCEF, 1973. v. 18.

CUNHA, C.; CINTRA, L. *Nova gramática do português contemporâneo*. 2. ed. Rio de Janeiro: Nova Fronteira, 2001.

DU BOIS, J. W. Discourse and grammar. In: TOMASELLO, M. (Ed.). *The new psychology of language*: cognitive and funcional approaches to language structure. Mahwah, NJ: LEA, 2003b. p. 47-87. v. 2.

DUQUE, P. H.; COSTA, M. A. *A análise construcional do discurso*: uma alternativa cognitiva para o estudo dos gêneros discursivos. In: SIGET, 6., *Anais...*, Natal, UFRN. Disponível em: <http://www.cchla.ufrn.br/visiget/>. Acesso em: jan. 2012.

FISCHER, O. Grammaticalization as analogically driven change? In: NARROG, H.; HEINE, B. (Eds.). *The Oxford handbook of grammaticalization*. Oxford: OUP, 2011. p. 31-42.

FLORES, C. M. M. *Zum ausdruck des höchsten grades* (im Deutschen und im Portugiesischen). Dissertação (Mestrado) — Universidade do Minho/ILCH, Braga, 2004.

FONSECA, J. Sintaxe, semântica e pragmática das comparações emblemáticas e estruturas aparentadas. *Revista da Faculdade de Letras, Línguas e Literaturas*. II série. Porto: Universidade do Porto, 1985. v. II, p. 213-250.

FURTADO DA CUNHA, M. A. (Org.). *Corpus Discurso & Gramática*: a língua falada e escrita na cidade do Natal. Natal: EDUFRN, 1998.

FURTADO DA CUNHA, M. A. *Banco conversacional de Natal* [recurso eletrônico]. Natal: EDUFRN, 2011.

_____ et al. Linguística funcional centrada no uso: conceitos básicos e categorias analíticas. In: CEZARIO, M. M.; FURTATO DA CUNHA, M. A. (Orgs.). *Linguística centrada no uso*: uma homenagem a Mario Martelotta. Rio de Janeiro: Mauad, 2013. p. 13-44.

GHESQUIÈRE, L. On the subjectification and intersubjectification paths followed by the adjectives of completeness. In: DAVIDSE, K. et al. (Eds.). *Subjectification, inter-subjectification and grammaticalization*. Berlin/New York: Walter de Gruyter, 2010. p. 277-314. (Topics in English Linguistics, v. 66.)

GIVÓN, T. *Syntax*: a functional-typological introduction. New York: Academic Press, 1984. v. I.

_____. *The genesis of syntactic complexity*: diachrony, ontogeny, neuro-cognition, evolution. Amsterdam/Philadelphia: John Benjamins, 2009.

GONÇALVES, C. A. A função indexical das formações x-íssimo, x--érrimo e x-ésimo no português do Brasil. *Veredas* (revista de Estudos Linguísticos), Juiz de Fora, n. 9, p. 47-59, jul./dez. 2003.

_____. Flexão e derivação: o grau. In: VIEIRA, S. R.; BRANDÃO, S. F. (Orgs.). *Ensino de gramática*: descrição e uso. São Paulo: Contexto, 2007. p. 149-168.

HAIMAN, J. The iconicity of grammar: isomorphism and motivation. *Language*, v. 56, n. 3, p. 515-540, 1980.

_____. Iconic and economic motivation. *Language*, v. 59, n. 4, p. 781--819, 1983.

HEINE, B. *Cognitive foundations of grammar*. New York/Oxford: OUP, 1997.

_____ et al. *Grammaticalization*: a conceptual framework. Chicago: UCP, 1991.

HOPPER, P.; TRAUGOTT, E. C. *Grammaticalization*. 2. ed. Cambridge: CUP, 2003.

HOUAISS, A.; VILLAR, M de S. *Dicionário Houaiss da língua portuguesa*. Rio de Janeiro: Objetiva, 2004.

IBAÑEZ, F. J. R. de M. *Lingüística cognitiva*: semántica, pragmática y construcciones. Círculo de linguística aplicada a la comunicación. Universidad de La Rioja, 8 nov. 2001.

KOCH, I. V. Atividades e estratégias de processamento textual. In: _____; BARROS, K. S. M. de. (Orgs.). *Tópicos em linguística de texto e análise da conversação*. Natal: EDUFRN, 1997. p. 139-145.

LAKOFF, G.; JOHNSON, M. *Philosophy in the flesh*. New York: Basic Books, 1999.

_____; _____. *Metáforas da vida cotidiana*. Trad. GEIM. Campinas: Mercado de Letras, 2002. (Col. As Faces da Linguística Aplicada.)

_____; TURNER, M. *More than cool reason*: a field guide to poetic metaphor. Chicago/London: UCP, 1989.

LANGACKER, R. Subjectification, grammaticization, and conceptual archetypes. In: CORNILLIE, B. et al. (Eds.). Subjectification: *Various paths to subjectivity*. Berlin: Mouton de Gruyter, 2006. p. 17-40.

_____. *Cognitive grammar*: a basic introduction. New York: OUP, 2008.

LOPES, C. A. G. *Processos de intensificação prefixais na norma urbana culta de Salvador*, 2000. Disponível em: <http://anais_con2int_mr.pdf>. Acesso em: mar. 2004.

MARMARIDOU, S. S. *Pragmatic meaning and cognition*. Amsterdam/Philadelphia: John Benjamins, 2000.

McMAHON, A. *Understanding language change*. Cambridge: CUP, 1995.

MELO, I. F. A intensificação como mecanismo de avaliação implícita em narrativas orais. *Ao Pé da Letra*, revista dos alunos de Graduação em Letras. Recife, UFPE, Centro de Artes e Comunicação/Departamento de Letras, v. 5, n. 1/2, p. 37-43, dez. 2003.

NICHOLS, J. Functional theories of grammar. *Annual Review of Anthropology*, v. 43, p. 97-117, 1984.

QUIRK, R.; GREENBAUM, S. *A university grammar of English*. United Kingdom: Longman, 1979.

RIBEIRO, E. C. *Serões gramaticaes* (ou Nova Gramática Portuguesa). 6. ed. Salvador: Livraria Progresso, 1956.

ROCHA LIMA, C. H. da. *Gramática normativa da língua portuguesa*. Rio de Janeiro: José Olympio, 2010.

ROCHA, L. C. de A. *Estruturas morfológicas do português*. 2. ed. São Paulo: Martins Fontes, 2008.

SAID ALI, M. *Gramática histórica da língua portuguesa*. 7. ed. Rio de Janeiro: Livraria Acadêmica, 1971.

SILVA, J. R. *Estratégias discursivas de superlativação*. Dissertação (Mestrado) — Universidade Federal do Rio Grande do Norte, Natal, 2000.

_____. Variações de "super" no português do Brasil. In: PASSEGGI, L. S.; OLIVEIRA, M. do S. (Orgs.). *Linguística e educação*: gramática, discurso e ensino. São Paulo: Terceira Margem, 2001. p. 111-127.

_____. Motivações semântico-cognitivas e discursivo e discursivo-pragmáticas nos processos de intensificação. In: LEFFA, V. J. (Comp.). *Tela 4*: textos em linguística aplicada (publicação eletrônica da revista *Linguagem e Ensino* — PPGL). Pelotas: Educat, 2009.

SILVEIRA, S. da. *Lições de português*. 8. ed. Rio de Janeiro: Livros de Portugal, 1972. (Col. Brasileira de Filologia Portuguesa.)

SOUSA, A. M. de. Retomando a discussão: grau — flexão *x* grau — derivação. *Soletras*, Rio de Janeiro, UERJ, p. 143-57, 2008. Disponível em: <http://www.e-publicacoes.uerj.br/index.php/soletras/article/view/5018/3689>. Acesso em: mar. 2013.

STAUB, A.; REGUEIRA, P. B. A estrutura do superlativo absoluto sintético português. *Letras de Hoje*, Rio Grande do Sul, PUC-RS, 1973.

TALMY, L. *Toward a cognitive semantics*. Cambridge, MA: MIT Press, 2000. v. 2.

TAYLOR, J. R. *Linguistic categorization*: prototypes in linguistic theory. Great Britain: Laredan Paperbacks, 1992.

TOMASELLO, M. Introduction: a cognitive-functional perspective on language structure. In: _____ (Ed.). *The new psychology of language*: cognitive and functional approaches to language structure. New Jersey: LEA, 1998. p. vii-xxiii.

_____. *The cultural origins of human cognition*. Cambridge/London: HUP, 1999.

TRAUGOTT, E. C. Grammaticalization and mechanisms of change. In: NARROG, H.; HEINE, B. (Eds.). *The Oxford handbook of grammaticalization*. Oxford: OUP, 2011. p. 19-30.

_____; DASHER, R. *Regularity in semantic change*. Cambridge: CUP, 2002.

TRAVAGLIA, L. C. *Gramática e interação*: uma proposta para o ensino de gramática no 1º e 2º graus. São Paulo: Cortez, 1996.

VOTRE, S. J.; OLIVEIRA, M. R. *A língua falada e escrita na cidade do Rio de Janeiro*. Rio de Janeiro: UFRJ, 1995. (Mimeo.)

_____; _____. *A língua falada e escrita na cidade do Rio Grande*. Rio de Janeiro: UFRJ, 1996. (Mimeo.)

_____; _____. *A língua falada e escrita na cidade de Niterói*. Niterói: UFRJ, 1998. (Mimeo.)

Índice remissivo

A

Abstratização 69, 96
Adjetivo 31, 32, 33, 37, 48, 49, 50, 51, 77, 103, 105, 106, 110, 115, 117
Advérbio 12, 18, 34, 116, 117
Analogia 23, 28, 29
Aumentativo 31, 40, 42, 60

C

Categorização 22, 23, 27, 28, 54
Cognição 18, 23, 49, 123
Comparação 52, 53, 54, 108, 131
Comparativo 31, 33, 34, 53
Conceitualização 13, 25, 26, 38, 39, 50, 51, 53, 55, 64, 69, 71, 72, 75, 80, 92, 94, 96, 100, 105, 112, 114, 124

D

Diminutivo 31, 34, 40, 42, 44, 62, 118
Discurso 18, 19, 22, 23, 80, 94, 95, 96, 98, 99, 121, 125, 126, 127, 128, 129

E

Escalaridade 39, 46, 47, 48, 81, 83, 89, 109
Escalonamento 38, 39, 40, 42, 46, 48, 84

F

Focalização 25, 81, 92, 124
Função/Funcional 26, 139

G

Gênero 51, 87, 98, 119, 121, 125, 127, 128
Gradação 14, 88, 89, 107, 108
Graduação 27, 31, 44, 45, 46, 49, 53, 55, 62, 79, 81, 85, 91, 93, 94, 99, 100, 103, 107, 112
Gradualidade 48, 52, 100, 121, 123
Gramática 11, 19, 133, 139
Grau afetivo 43, 112
Grau avaliativo 42
Grau dimensivo 40, 51, 55
Grau em português 12, 131
Grau hierárquico 42
Grau intensivo 41, 46, 64, 78
Grau morfológico 12
Grau quantitativo 41, 89

I

Iconicidade 23, 26, 112, 114
Inferência pragmática 23, 87, 139
Inferência sugerida 23, 87

Intensificação 34, 41, 44, 50, 58, 61, 67, 68, 69, 71, 72, 74, 77, 79, 89, 91, 98, 109, 120, 131, 132, 136, 139
Intersubjetividade 25

L

Linguagem 2, 20, 34, 100, 121
Língua Portuguesa 13, 14
Linguística cognitiva 13, 14, 20, 21, 139
Linguística funcional 13, 14, 20, 21, 139
Linguística funcional centrada no uso 13, 14, 20, 21, 139
Locução 27, 77, 116

M

Metáfora 28, 29, 56, 59, 62, 64, 68, 73
Metonímia 29, 59, 73

O

Objetividade 14, 25, 92, 94, 95, 96

P

Perspectivização 23, 24, 25, 39, 80, 140

Pragmática 22, 23, 29, 38, 39, 64, 80, 87, 94, 96, 100, 124, 125, 128, 131, 132, 134, 139, 140
Pronome 116, 140

R

Reanálise 23, 28, 29, 30, 74, 80

S

Subjetividade 14, 25, 87, 93, 94, 96, 124
Substantivo 12, 18, 31, 32, 33, 37, 49, 50, 51, 103, 105, 110, 115, 117
Superlativo 31, 33, 34, 43, 53, 112, 131

T

Texto 11, 19, 20, 27, 66, 85, 87, 88, 97, 105, 106, 107, 121, 125, 128, 131, 136

V

Verbo 35, 37, 49, 97, 103, 105, 107, 110, 115, 118

LEIA TAMBÉM

ANÁLISE LINGUÍSTICA
afinal, a que se refere?

Maria Auxiliadora Bezerra
Maria Augusta Reinaldo

Coleção Leituras Introdutórias em Linguagem – vol. 3

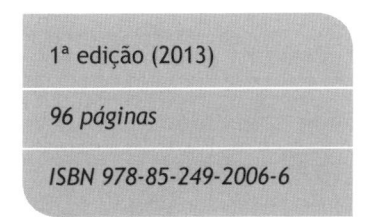

1ª edição (2013)

96 páginas

ISBN 978-85-249-2006-6

Este livro nos possibilita compreender que, sob o rótulo *análise linguística*, abrigam-se perpectivas distintas de trabalho com a língua materna. Em relação ao seu ensino, verifica-se que, embora a gramática tradicional forneça um determinado tipo de *análise linguística*, seus estudos são considerados insuficientes para o ensino de Língua Portuguesa, quando o objeto de análise, na escola, passa a ser o texto. Assim, propõe-se a prática de *análise linguística* como alternativa. Essa prática assume um status teórico-metodológico: teórico, porque constitui um conceito que remete a uma forma de observar dados da língua, apoiada em uma teoria; metodológica, porque é utilizado na sala de aula como um recurso para o ensino reflexivo da escrita.

LEIA TAMBÉM

TRANSITIVIDADE E SEUS CONTEXTOS DE USO

Maria Angélica Furtado da Cunha
Maria Medianeira de Souza

Coleção Leituras Introdutórias em Linguagem – vol. 2

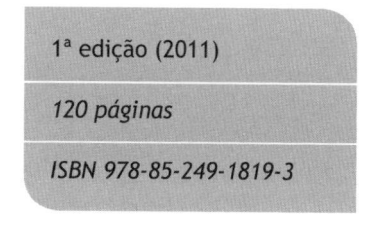

1ª edição (2011)

120 páginas

ISBN 978-85-249-1819-3

Em uma linguagem clara e acessível, põem à disposição de leitores e leitoras iniciantes nos estudos do funcionalismo linguístico um conjunto de conceitos e perspectivas de análise relativos à transitividade, bem como propostas para a aplicação prática desses conceitos e perspectivas, tendo como pano de fundo textos de natureza vária, produzidos nas modalidades oral e escrita da língua. Este livro traz contribuições advindas de duas vertentes funcionalistas, a linguística funcional norte-americana, representada, sobretudo, por Givón, Hopper, Thompson e Chafe, e a linguística sistêmico--funcional, cujo expoente é Halliday.

LEIA TAMBÉM

TRADIÇÕES DISCURSIVAS
conceito, história e aquisição

Sanderléia Roberta Longhin

Coleção Leituras Introdutórias em Linguagem – vol. 4

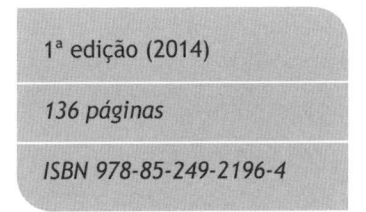

1ª edição (2014)

136 páginas

ISBN 978-85-249-2196-4

A partir da análise de trechos narrativos, a autora mostra que distintas escolhas linguísticas estão relacionadas às finalidades comunicativas e às condições de produção dos textos. Além de proporcionar ao leitor brasileiro o contato com referências teóricas e metodológicas fundamentais para os estudos da linguagem, a autora nos abrilhanta com uma nova abordagem da TD associada à aquisição da linguagem.

GRÁFICA PAYM
Tel. [11] 4392-3344
paym@graficapaym.com.br